Francesca Leung

HAUSORDNUNG

AUSFÜLLEN, ANKREUZEN, ZUSAMMENZIEHEN

- ☑ DU WÜNSCHST DIR EIN HARMONISCHES ZUHAUSE?
- ☑ DU MÖCHTEST, DASS ALLE NACH DEINER PFEIFE TANZEN?

DU BRAUCHST DIESES BUCH!

KNESEBECK

Für Alex und John, die es immer mit mir ausgehalten haben.
Und für Mum, Dad, Vin und Sarah – danke Euch allen, es ist geschafft.

Titel der Originalausgabe: *HOUSERULES – OR HOW TO SURVIVE LIVING TOGETHER*

Ein Unternehmen der La Martinière Groupe

Übersetzung: Christine Schnappinger, München
Satz: VerlagsService Dietmar Schmitz GmbH, Heimstetten
Umschlaggestaltung: Leonore Höfer, Knesebeck Verlag
Printed in China

ISBN 978-3-86873-945-9

www.knesebeck-verlag.de

HAFTUNGSAUSSCHLUSS

AUTORIN UND VERLAG ÜBERNEHMEN KEINERLEI VERANTWORTUNG FÜR EVENTUELLE MEINUNGSVERSCHIEDENHEITEN ODER ZERWÜRFNISSE, DIE DURCH DEN GEBRAUCH DIESES BUCHES ENTSTEHEN KÖNNTEN. SIE FREUEN SICH ABER ÜBER LOBESHYMNEN VON LESERN, DENEN ES MITHILFE DIESES BUCHES GELANG, DEN HÄUSLICHEN FRIEDEN ZU WAHREN. NUR IMMER HER DAMIT.

Inhalt

Einleitung

Diven, Drama-Queens, Chaoten und passiv-aggressive Starrköpfe – wir haben alle schon mit derartigen Zeitgenossen (Freunde, Partner oder Mitbewohner) zusammengewohnt und müssen zugeben, dass wir selbst auch zu ihnen zählen. Nichtsdestotrotz gibt es aber auch Seelen von Menschen, die uns den Frühstückstee genau so zubereiten, wie wir ihn gern mögen, und die freiwillig die Toilette putzen (kaum zu glauben, aber wahr …)

Die meisten Probleme des Zusammenlebens resultieren aus der fälschlichen Annahme heraus, dass unsere Mitmenschen über so etwas wie telepathische Kräfte verfügen und von alleine wissen, wie wir die Dinge gerne hätten. Solange wir aber nicht mit Professor X die Wohnung teilen, ist dies bedauerlicherweise nicht der Fall.

Es geht hier nicht darum, unseren Partner/unsere Mitbewohner zu verändern, sondern darum, Kompromisse zu schließen – und dieses Buch wurde entwickelt, um das Leben aller Beteiligten ein bisschen einfacher zu gestalten.

Jedes Kapitel behandelt das Zusammenleben in einem bestimmten Bereich des Hauses und ein allgemein gehaltenes Kapitel stellt noch ein paar grundsätzliche Regeln auf.

Arbeite das Buch einfach Stück für Stück durch, trage Deine persönlichen Präferenzen ein und überreiche es dann Deinen Hausgenossen, damit sie auf Deine Regeln Bezug nehmen und sie gegebenenfalls ergänzen (auf jeder Seite gibt es Platz für zusätzliche Anmerkungen).

Natürlich wird es immer noch Diskrepanzen darüber geben, wie die Dinge zu laufen haben, aber falls jemand anderer Meinung sein sollte, hast Du deine Vorgaben als Erster aufgeschrieben. Egal, ob es darum geht, beim Abspülen das Wasser laufen zu lassen, oder ob die Klopapierrolle mit der einen oder der anderen Seite zur Wand auf dem Halter befestigt werden soll – nun werden klare Regeln aufgestellt.

... Und los geht's!

KAPITEL 1: KÜCHE

☐ FILTERKAFFEE
☐ ENTKOFFEINIERTER KAFFEE

☐ KEIN KAFFEE

Alles espresso oder wie?

DEFINIERE DEINEN KAFFEE-STATUS-QUO

☐ **AMERICANO**
HEISSES WASSER + ESPRESSO

☐ **CAPPUCCINO**
ESPRESSO + HEISSE MILCH + MILCHSCHAUM

☐ **CHAI LATTE**
GEWÜRZTEE + AUFGESCHÄUMTE MILCH + ESPRESSO

☐ **ESPRESSO**
KONZENTRIERTER, STARKER KAFFEE

☐ **FLAT WHITE**
DOPPELTER ESPRESSO + HEISSE MILCH + ETWAS MILCHSCHAUM

EISKAFFEE
KAFFEE + EISCREME

☐ **IRISH COFFEE**
IRISCHER WHISKEY + SAHNE + KAFFEE

☐ **CAFE LATTE**
ESPRESSO + AUFGESCHÄUMTE MILCH

☐ **MACCHIATO**
ESPRESSO + EIN KLECKS MILCHSCHAUM

☐ **MOKKA**
ESPRESSO + AUFGESCHÄUMTE MILCH + SCHOKOLADE

BEIM KAFFEE HOLEN FÜR ANDERE: ______________________

Kaffee-Seismograf

- ☐ LAIT AU LAIT
- ☐ MILCH-STRASSE
- ☐ HALB UND HALB
- ☐ WIENER MELANGE
- ☐ WACHMACHER
- ☐ PARIS IM FRÜHLING
- ☐ NACHMITTAGS-SHORTY
- ☐ FULLTIME-JOB
- ☐ KATER-KILLER
- ☐ KÖNIGIN DER NACHT

PRÄFERENZEN ANDERER LEUTE: ______________________________

Kaffeevorlieben

AUFBRÜHEN | FRENCH PRESS | VAKUUMKOCHER | KAFFEEMASCHINE | COLD BREWER | ESPRESSOMASCHINE | ESPRESSOKOCHER | INSTANTPULVER

KAFFEEBOHNEN

SORTE: ______________________

HERKUNFT: ______________________

RÖSTGRAD: ______________________

MILCH?

- ☐ NEIN, SCHWARZ
- ☐ FETTARME MILCH
- ☐ HALBFETTE MILCH
- ☐ VOLLMILCH
- ☐ SAHNE
- ☐ SOJAMILCH
- ☐ MANDELMILCH

- ☐ HEISS
- ☐ KALT
- ☐ AUFGESCHÄUMT

SÜSSUNGSMITTEL

- ☐ UNGESÜSST
- ☐ SÜSSSTOFF
- ☐ ZUCKER
- ☐ 1 EINHEIT
- ☐ 2 EINHEITEN
- ☐ 3+ EINHEITEN

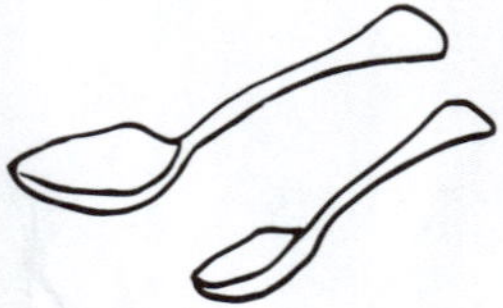

- ☐ BEUTELCHEN
- ☐ WÜRFEL
- ☐ TEELÖFFEL
- ☐ GEHÄUFTE TEELÖFFEL
- ☐ FREI HAND

SERVIERT MIT...

- ☐ ETWAS SCHOKOLADE
- ☐ EINEM KEKS
- ☐ EINER ZIGARETTE
- ☐ EINEM LÄCHELN

WEITERE ANFORDERUNGEN:

____

____

____

____

☐ KAFFEE KANN MIR GESTOHLEN BLEIBEN.

It's Teatime

☐ TEE KANN MIR GESTOHLEN BLEIBEN.

☐ ENGLISH BREAKFAST
☐ EARL GREY
☐ LADY GREY
☐ YORKSHIRE
☐ DARJEELING
☐ ASSAM

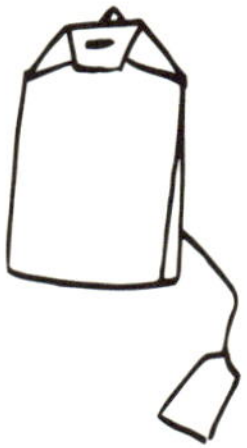

☐ GRÜNER TEE
☐ JASMINTEE
☐ CHAI
☐ OOLONG
☐ YERBA MATE
☐ LAPSANG SOUCHONG

☐ KAMILLE
☐ PFEFFERMINZE
☐ GEWÜRZTEE
☐ FRÜCHTETEE
☐ ANDERE: ______________

MARKE: ______________

WAS MACHT EINE GUTE TASSE TEE AUS?

☐ MIT MILCH UND ZWEI STÜCK ZUCKER
☐ STARK, MIT MILCH UND OHNE ZUCKER
☐ MIT ZITRONE

☐ ENTKOFFEINIERT
☐ TEEBEUTEL
☐ LOSER TEE

MENGE:
☐ 1 TASSE
☐ 1 KANNE

OPTIMALE ZEIT ZUM ZIEHEN: ______ MINUTEN

Tee-Zeremonie

MILCH

- ☐ KEINE
- ☐ FETTARME MILCH
- ☐ HALBFETTE MILCH
- ☐ VOLLMILCH
- ☐ SAHNE
- ☐ SOJAMILCH
- ☐ MANDELMILCH

- ☐ MILCH ZUERST (DANN MUSS MAN NICHT UMRÜHREN)
- ☐ MILCH ZULETZT (SO KANN MAN DIE FARBE GENAU ABSTIMMEN, IST DOCH LOGISCH)

SÜSSUNGSMITTEL

- ☐ UNGESÜSST
- ☐ SÜSSSTOFF
- ☐ ZUCKER
- ☐ 1 EINHEIT
- ☐ 2 EINHEITEN
- ☐ 3+ EINHEITEN

- ☐ BEUTELCHEN
- ☐ WÜRFEL
- ☐ TEELÖFFEL
- ☐ GEHÄUFTE TEELÖFFEL

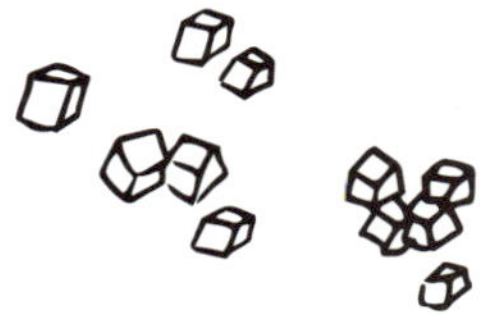

ANDERE ANFORDERUNGEN: ____________________

ZITRONE?

- ☐ JA, BITTE!
- ☐ NEIN, BLOSS NICHT.

Tee-Seismograf

- ☐ MILCH MIT TEE-AROMA
- ☐ MILCH NICHT ZU KNAPP
- ☐ EIN GUTER SCHUSS MILCH
- ☐ EIN SPRITZER MILCH
- ☐ LANGE ZIEHEN LASSEN UND EIN SPRITZER MILCH

- ☐ BERNSTEIN-TÄSSCHEN
- ☐ TAFFE TASSE
- ☐ PROBLEMLÖSER
- ☐ HARTE SACHE
- ☐ ZWEI-BEUTEL-AUFGUSS

ANDERE PRÄFERENZEN: ______________________

Trinkgeschirr

- ☐ TASSE
- ☐ BECHER

MEIN LIEBLINGSBECHER/MEINE LIEBLINGSTASSE SIEHT SO AUS:

IST LIEBLINGSBECHER/LIEBLINGSTASSE, WEIL ...

WER IHN/SIE KAPUTT MACHT, WIRD ...

- ☐ GEZWUNGEN, EIN IDENTISCHES EXEMPLAR NACHZUKAUFEN.
- ☐ GENÖTIGT, EIN NOCH SCHÖNERES EXEMPLAR ZU KAUFEN (WAS EIGENTLICH UNMÖGLICH IST).
- ☐ EINEN VERNICHTENDEN BLICK ERNTEN (ODER MEHRERE).
- ☐ MIT KEINEN GRÖSSEREN KONSEQUENZEN RECHNEN MÜSSEN.
- ☐ MILDE BEHANDELT, ICH BIN NICHT NACHTRAGEND.

Lieblingsgebäck

- ☐ SCHOKOCOOKIES
- ☐ VANILLEKIPFERL
- ☐ HAFERKEKSE
- ☐ HASELNUSSWAFFELN
- ☐ BISCOTTI
- ☐ DOPPELKEKS MIT MARMELADENFÜLLUNG
- ☐ DOPPELKEKS MIT CRÈMEFÜLLUNG
- ☐ SHORTBREAD
- ☐ LEBKUCHEN
- ☐ MANDELCOOKIES
- ☐ ANDERE: ____________

EINTUNKEN ODER KNUSPERN?

- ☐ EINTUNKEN
- ☐ KNUSPERN

AM BESTEN ZUM EINTUNKEN GEEIGNET SIND:

____

OPTIMALE DAUER DES EINTUNKENS:

____

ANDERE ANFORDERUNGEN:

____

____

Alternative Heißgetränke

☐ HEISSE SCHOKOLADE

LIEBLINGSMARKE: ____________________

ANZAHL DER BEUTELCHEN / TEELöFFEL / GEHÄUFTEN TEELöFFEL: __________

ANGERÜHRT MIT HEISSEM WASSER / MILCH, SORTE: __________

ZUSÄTZLICH GESÜSST MIT: ____________________

EXTRAS:

☐ SCHLAGSAHNE
☐ MINI-MARSHMALLOWS
☐ XL-MARSHMALLOWS
☐ ETWAS KAKAOPULVER
☐ ETWAS ZIMT
☐ ETWAS MUSKAT
☐ ANDERE: __________

☐ ANDERE HEISSGETRÄNKE: __________

Milch-Variationen

MILCHSHAKES:

☐ SCHOKO
☐ ERDBEER
☐ BANANE
☐ VANILLE

LIEBLINGSAROMEN:

☐ KARAMELL
☐ MARZIPAN
☐ LEBKUCHENGEWÜRZ
☐ ZIMT
☐ SAISONALE ZUTATEN
☐ ANDERES: __________

WEITERE ANMERKUNGEN:

____

____

____

Wasser

- ☐ STILL. MARKE: ____________________
- ☐ MIT KOHLENSÄURE. MARKE: ____________________
- ☐ LEITUNGSWASSER

EXTRAS:

- ☐ EINE SCHEIBE ZITRONE
- ☐ EINE SCHEIBE LIMETTE
- ☐ ETWAS FRISCHE MINZE
- ☐ EISWÜRFEL
- ☐ KEINE EISWÜRFEL

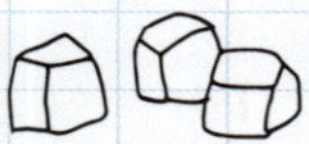

WASSERFILTER

- ☐ DAS WASSER IST NACH ENTNAHME WIEDER AUFZUFÜLLEN. BITTE, ZUM WOHLE DER MENSCHHEIT, EINFACH WIEDER AUFFÜLLEN. ZAUBERELFEN SORGEN NÄMLICH NICHT DAFÜR, ICH MACHE DAS, UND ZWAR STÄNDIG.
- ☐ WIR TRINKEN UNGEFILTERTES WASSER. WAS EINEN NICHT UMBRINGT, HÄRTET AB.

ANDERE ANFORDERUNGEN:

____

____

____

Säfte

ZUR DECKUNG DES TÄGLICHEN VITAMINBEDARFS

- ☐ MIT FRUCHTFLEISCH
- ☐ OHNE FRUCHTFLEISCH

- ☐ FRISCH GEPRESST
- ☐ AUS SAFTKONZENTRAT

SORTE:

- ☐ ORANGENSAFT
- ☐ APFELSAFT
- ☐ TRAUBENSAFT
- ☐ CRANBERRYSAFT
- ☐ GRAPEFRUITSAFT
- ☐ GRANATAPFELSAFT
- ☐ MULTIVITAMINSAFT
- ☐ LITSCHISAFT
- ☐ MANGOSAFT
- ☐ ANANASSAFT
- ☐ TOMATENSAFT
- ☐ ANDERE: ____________________

Softdrinks

ODER MIXGETRÄNKE, UM GENAU ZU SEIN

SPRUDELND:

- ☐ COLA
- ☐ GINGER ALE
- ☐ MALZBIER
- ☐ APFELSCHORLE
- ☐ LIMONADE
- ☐ KIRSCHBRAUSE

STILL:

- ☐ WASSER MIT HOLUNDERBLÜTENSIRUP
- ☐ KOKOSWASSER
- ☐ EISTEE (VORSICHT: KEIN RICHTIGER TEE, DER EISGEKÜHLT WURDE)
- ☐ WASSER MIT INGWER UND MINZE
- ☐ EIGENE MISCHUNG: ____________________

WEITERE NOTIZEN:

____

____

____

Weinkarte

☐ ICH TRINKE KEINEN ALKOHOL.

ROT   WEISS   ROSÉ

☐ SCHAUMWEIN
☐ OHNE KOHLENSÄURE

VORLIEBEN:

REBENSORTE: ___________

REGION: ___________

(BITTE AUF DER KARTE MARKIEREN)

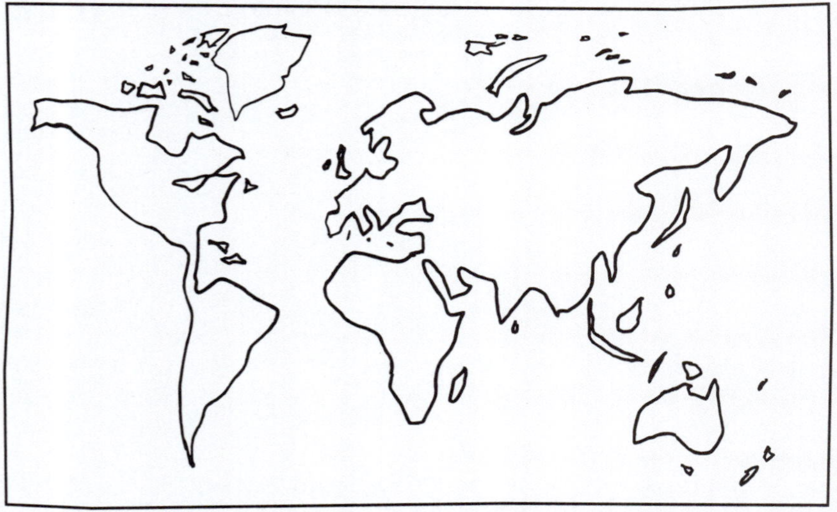

☐ JAHRGANG: ___________

PRIORITÄT:

☐ QUALITÄT
☐ QUANTITÄT

VERBRAUCH:

☐ GLAS, HALB VOLL
☐ GLAS, HALB LEER
☐ HA! HER MIT DER FLASCHE!

ANDERE ANMERKUNGEN:

____

____

Bier-Diagramm

STARK GEHOPFT UND FRISCH GEZAPFT?

PRIORITÄT:

- ☐ QUALITÄT
- ☐ QUANTITÄT

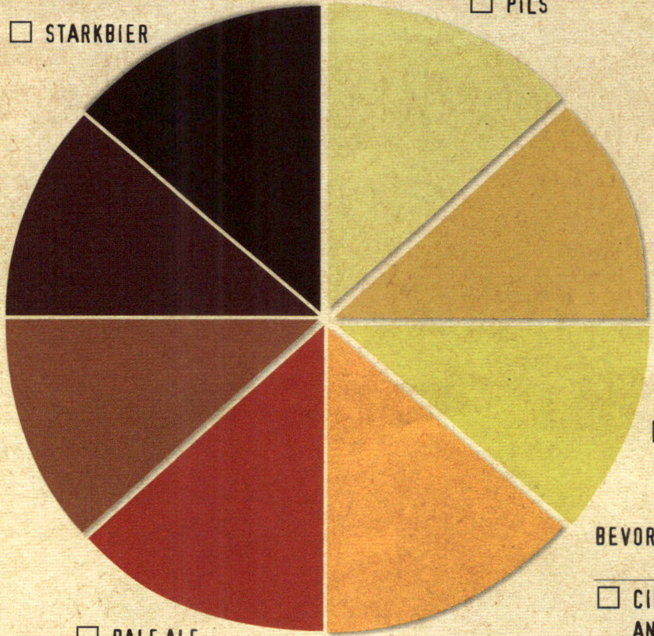

- ☐ STARKBIER
- ☐ PILS
- ☐ BRAUNBIER
- ☐ HELLES
- ☐ RAUCHBIER
- ☐ WEISSBIER
- ☐ PALE ALE
- ☐ LAGER

BEVORZUGTE MARKE / SELBST GEBRAUT: ______________________

☐ CIDER / BIRNENMOST / HONIGMET / ANDERES: ______________________

☐ GUT GEKÜHLT.

☐ TEMPERATUR IST EGAL. HAUPTSACHE BIER.

KONSUMVERHALTEN: ______________________

____

Cocktails

BASIS

RUM ❑ GIN ❑ WODKA ❑ TEQUILA ❑ MEZCAL ❑ WHISKEY ❑ BRANDY ❑ ABSINTH ❑ OUZO ❑ SAKE ❑ SAHNELIKÖR ❑

ANDERE: ________

ART

MARTINI ❑ PIÑA COLADA ❑ LONG ISLAND ICE TEA ❑ COSMOPOLITAN ❑ MANHATTAN ❑ GIN-TONIC ❑ OLD FASHIONED ❑ ZOMBIE ❑ MAI TAI ❑ DAIQUIRI ❑ MOJITO ❑ MARGARITA ❑ WHITE RUSSIAN ❑ SEX ON THE BEACH ❑ SCREWDRIVER ❑ BLOODY MARY ❑

ANDERE: ________

BESONDERE VORLIEBEN: ________

____

STIL:

ON THE ROCKS ❑ GESCHÜTTELT ❑ GERÜHRT ❑ MIT OBSTGARNIERUNG ❑ MIT OLIVE ❑ MIT KIRSCHE ❑ MIT SCHIRMCHEN ❑

Ernährungsweise

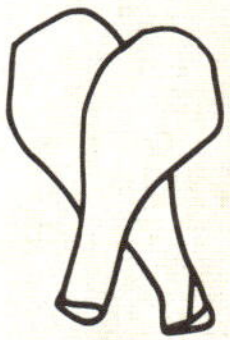     

❑ CARNISTISCH/ (JEDE MENGE FLEISCH)

❑ PESCETARISCH (FAKE-VEGETARIER/ FLEISCH IN FISCHFORM)

❑ OVO-LAKTISCH-VEGETARISCH (MIT EIERN UND MILCHPRODUKTEN)

❑ VEGAN (TOFU UND EIN REINES GEWISSEN)

❑ FRUTARISCH (75 PROZENT FRÜCHTE ODER MEHR)

❑ OMNIVORISCH (VON ALLEM EIN BISSCHEN)

ANDERE ERNÄHRUNGSSCHWERPUNKTE: ______________________

NAME DER AKTUELLEN DIÄT: ______________________

FÜNF LEBENSMITTEL, DIE GENERELL VON DER EINKAUFSLISTE ZU STREICHEN SIND:

1) ______________________
2) ______________________
3) ______________________
4) ______________________
5) ______________________

ALLERGIEN ODER UNVERTRÄGLICHKEITEN?

NÜSSE ❑ LAKTOSE ❑ GLUTEN ❑ MEERESFRÜCHTE ❑ ERDBEEREN ❑ SOJA ❑ ANDERES: ______________________

Backwaren

Kohlenhydrate

- ☐ KOHLENHYDRATE HAT DER TEUFEL GESEHEN! NO CARBS! BROT MACHT FETT!
- ☐ BROT IST DAS BESTE, DAS DIE MENSCHHEIT JE ERFUNDEN HAT.

MEHL:

- ☐ WEIZENMEHL
- ☐ DINKELMEHL
- ☐ ROGGENMEHL
- ☐ GLUTENFREIES MEHL
- ☐ VOLLKORNMEHL
- ☐ SCHROT

BROT:

- ☐ IN DICKE SCHEIBEN GESCHNITTEN
- ☐ IN MITTELDICKE SCHEIBEN GESCHNITTEN
- ☐ IN DÜNNE SCHEIBEN GESCHNITTEN
- ☐ MIT DER HAND IN STÜCKE GEBROCHEN

ART:

- ☐ KASTENBROT
- ☐ BROTLAIB
- ☐ FLADENBROT
- ☐ EIWEISSBROT
- ☐ KNÄCKEBROT
- ☐ BAGUETTE
- ☐ NAAN
- ☐ BRIOCHE
- ☐ PUMPERNICKEL
- ☐ CIABATTA
- ☐ BREZEL
- ☐ BRÖTCHEN

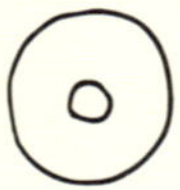

TOPPING:

- ☐ GESALZENE BUTTER
- ☐ UNGESALZENE BUTTER
- ☐ KNOBLAUCHBUTTER
- ☐ MARGARINE
- ☐ OLIVENPASTE
- ☐ SCHOKOAUFSTRICH
- ☐ HUMMUS
- ☐ HONIG
- ☐ MARMELADE
- ☐ ANDERES: ________

WEITERE ANMERKUNGEN:

____

____

Toast-Seismograf

WIE SOLLTE BROT GETOASTET WERDEN?

- ☐ WARM, ABER NOCH WEICH
- ☐ LEICHT KROSS, ABER NOCH HELL
- ☐ KROSS UND ETWAS FARBE
- ☐ GOLDBRAUN GERöSTET
- ☐ RUNDHERUM KNUSPRIG
- ☐ IN OLIVENöL GERöSTET
- ☐ DUNKEL GERöSTET
- ☐ LEICHT ANGE-BRANNT
- ☐ ETWAS VERKOHLT
- ☐ TOTAL VERBRANNT

PRÄFERENZEN ANDERER LEUTE: ______________________

Belegte Brote

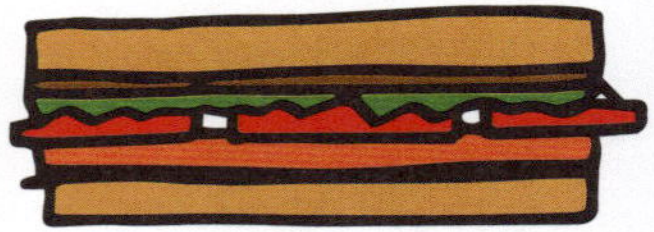

BEVORZUGTE SCHNITTTECHNIK:

☐ VIERTELN

☐ DOPPELT DIAGONAL

☐ DIAGONAL

☐ HALBIEREN

☐ GANZ

☐ MIT KRUSTE

☐ OHNE KRUSTE

ANDERE VORLIEBEN:

____

____

____

SANDWICH-FÜLLUNGEN:

KÄSE, HÜHNCHEN, CHIPS, DÖRRFLEISCH, KRABBEN & MAYO, PUTENBRUST, TOMATE & MOZZARELLA, LACHS & FRISCHKÄSE, SALAMI, PASTRAMI, FALAFEL, EIER, SCHINKEN, THUNFISCH & MAIS, ZWIEBELN, ZUCKERRÜBENSIRUP, SCHOKOAUFSTRICH, MARMELADE, ERDNUSSBUTTER ...

ES GEHT DOCH NICHTS ÜBER EIN LECKERES SANDWICH. TRAGE HIER DEINE 3 LIEBLINGSFÜLLUNGEN EIN:

1) ____________________

2) ____________________

3) ____________________

UND HIER 3 FÜLLUNGEN, DIE DIE WELT NICHT BRAUCHT:

1) ____________________

2) ____________________

3) ____________________

Aufbewahrung

EIER …

- ☐ GEHÖREN IN DEN KÜHLSCHRANK, SIND JA EXTRA HALTERUNGEN DAFÜR VORGESEHEN.
- ☐ SOLLTEN BEI ZIMMERTEMPERATUR AUFBEWAHRT WERDEN.

BROT …

- ☐ HÄLT SICH IM KÜHLSCHRANK LÄNGER FRISCH.
- ☐ GEHÖRT NICHT IN DEN KÜHLSCHRANK.

FRÜCHTE UND TOMATEN …

- ☐ BLEIBEN GEKÜHLT LÄNGER KNACKIG.
- ☐ HABEN IM KÜHLSCHRANK NICHTS ZU SUCHEN.

HALTBARKEIT:

- ☐ DAS LEBENSMITTEL IST AB PUNKT MITTERNACHT DES ANGEGEBENEN VERFALLSDATUMS UNGENIESSBAR.
- ☐ SOLANGE ES GUT RIECHT, KANN MAN ES ESSEN.
- ☐ WENN ES O.K. AUSSIEHT, IST ES AUCH O.K.
- ☐ MATSCHIGE STELLEN KANN MAN JA WEGSCHNEIDEN.

ANDERE TIPPS ODER WARNHINWEISE: ______________________

____

Sonntags-frühstück

- ☐ ENGLISCH
- ☐ EUROPÄISCH
- ☐ ASIATISCH
- ☐ MEXIKANISCH
- ☐ OBSTSALAT
- ☐ SMOOTHIE
- ☐ JOGHURT
- ☐ CORNFLAKES
- ☐ MÜSLI
- ☐ PFANNKUCHEN
- ☐ WAFFELN
- ☐ PORRIDGE
- ☐ MILCHREIS
- ☐ MÜSLIRIEGEL
- ☐ EIER
- ☐ WURSTBROT
- ☐ CROISSANT
- ☐ MUFFIN
- ☐ NICHTS
- ☐ ANDERES: ______________________

ANMERKUNGEN: ______________________

____

So wird das perfekte Frühstücksei zubereitet

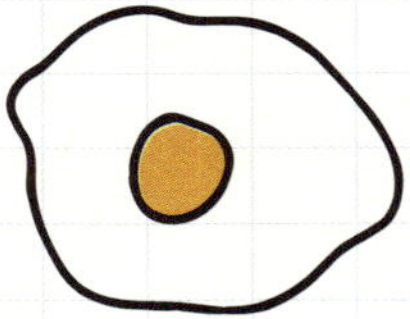

- ☐ **SPIEGELEI**
  - ☐ BEIDSEITIG GUT DURCHGEBRATEN
  - ☐ SUNNY SIDE UP
  - ☐ SEHR KURZ GEBRATEN, MIT FLÜSSIGEM DOTTER

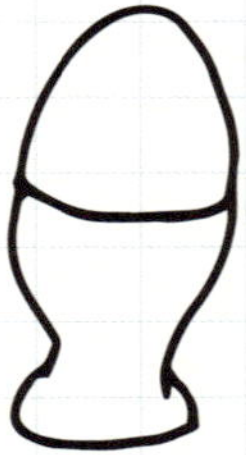

- ☐ **GEKOCHT**
  - ☐ SEHR WEICH
  - ☐ MITTEL
  - ☐ FEST
  - ☐ HART WIE EIN STEIN

- ☐ **POCHIERT**
  - ☐ EGG BENEDICT
  - ☐ EI IM GLAS
  - ☐ EGG FLORENTINE

- ☐ **RÜHREI**
- ☐ FLUFFIG
- ☐ BUTTRIG
- ☐ WEICH
- ☐ IN DER EIERSCHALE VERQUIRLT

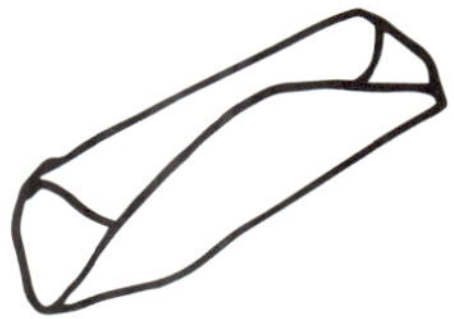

- ☐ **OMELETTE**
- ☐ MIT SCHINKEN
- ☐ MIT KÄSE
- ☐ MIT PILZEN
- ☐ MIT KRÄUTERN

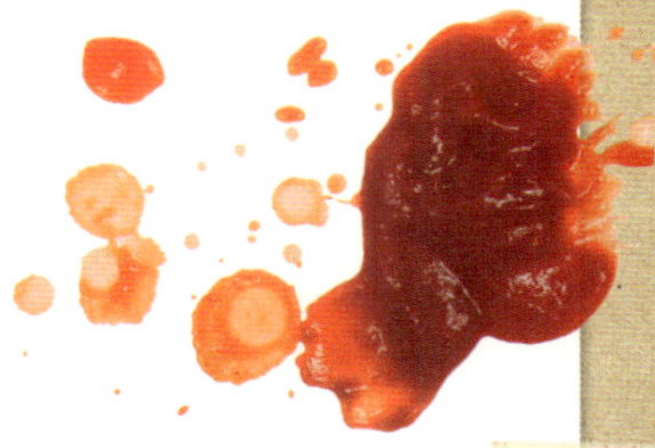

- ☐ **MIT SAUCE?**
- ☐ HOLLANDAISE
- ☐ KETCHUP
- ☐ SWEET CHILI
- ☐ SENF

- ☐ **FRENCH TOAST**
- ☐ **ARMER RITTER**

ANDERE ANMERKUNGEN:

Pastaformen

- [ ] KLASSISCHE SPAGHETTI
- [ ] FLACHE, DÜNNE LINGUINE
- [ ] LASAGNEPLATTEN
- [ ] STREIFENFÖRMIGE TAGLIATELLE
- [ ] RÖHRENFÖRMIGE CANNELLONI
- [ ] MUSCHELFÖRMIGE CONCHIGLIE
- [ ] SPIRALFÖRMIGE FUSILLI
- [ ] GERILLTE RIGATONI
- [ ] RÖHRENFÖRMIGE MAKKARONI
- [ ] GEFÜLLTE RAVIOLI
- [ ] GEFÜLLTE TORTELLINI
- [ ] REISKORNFÖRMIGE RISONI
- [ ] SCHLEIFENFÖRMIGE FARFALLE
- [ ] RUNDLICHE GNOCCHI
- [ ] STREIFENFÖRMIGE PAPPARDELLE
- [ ] SCHWARZE PASTA
- [ ] ANDERE ____________

+ SAUCE

- [ ] KEINE SAUCE
- [ ] TOMAENSAUCE
- [ ] CARBONARA
- [ ] BOLOGNESE
- [ ] PESTO
- [ ] ANDERE: ________

- [ ] AL DENTE
- [ ] GUT DURCH
- [ ] AL FORNO

- [ ] FRISCH
- [ ] GETROCKNET

Nudelarten

- [ ] HARTWEIZENNUDELN
- [ ] EIERNUDELN
- [ ] VOLLKORNNUDELN
- [ ] REISNUDELN
- [ ] SPÄTZLE
- [ ] SCHUPFNUDELN
- [ ] BUCHSTABENNUDELN
- [ ] STERNCHENNUDELN
- [ ] INSTANTNUDELN

- [ ] BISSFEST
- [ ] GUT DURCH
- [ ] MATSCHIG

- [ ] FRISCH
- [ ] GETROCKNET

+ SAUCE

- [ ] KEINE SAUCE
- [ ] BUTTER
- [ ] TOMATENSAUCE
- [ ] KÄSESAUCE
- [ ] BRATENSAUCE
- [ ] SWEET-CHILI-SAUCE
- [ ] PILZSAUCE
- [ ] MISOPASTE
- [ ] SOJASAUCE
- [ ] ANDERE: ________

Pikant gewürzt?

1. CHILI-LEVEL:

- ☐ LEVEL 6: TÖDLICH
- ☐ LEVEL 5: BRENNT WIE HÖLLE
- ☐ LEVEL 4: ZUM FEUERSPUCKEN
- ☐ LEVEL 3: FÜR EINSTEIGER
- ☐ LEVEL 2: BRINGT ETWAS GESCHMACK
- ☐ LEVEL 1: MILD, BZW. LANGWEILIG

2. WASABI:

- ☐ JA, ZUR MAGISCHEN GRÜNEN PASTE!
- ☐ DAS GRÜNE ZEUG NERVT.

... UND SOJASAUCE:

- ☐ JA, UNBEDINGT!
- ☐ NICHT LEBENSNOTWENDIG.

3. SALZ ...

- ☐ IST MEIN BESTER FREUND.
- ☐ SCHADET DER GESUNDHEIT.

Suppen

- ☐ TOMATENSUPPE
- ☐ MINESTRONE
- ☐ HÜHNERBRÜHE
- ☐ PILZBRÜHE
- ☐ LINSENSUPPE
- ☐ ERBSENEINTOPF
- ☐ OCHSENSCHWANZSUPPE
- ☐ MISOSUPPE
- ☐ NUDELSUPPE
- ☐ BORSCHTSCH
- ☐ ZWIEBELSUPPE
- ☐ FISCHSUPPE
- ☐ ANDERE: ______________

UND ALS i-TÜPFELCHEN?

- ☐ EIN KLECKS SAUERRAHM
- ☐ FRISCHE KRÄUTER
- ☐ MINI-CROÛTONS
- ☐ RIESEN-CROÛTONS
- ☐ NICHTS, ICH BIN JA KEIN STERNE-KOCH!

ANDERE KOMMENTARE:

____

____

____

Pommes frites & Co.

DIE BESTEN POMMES SIND:

- [ ] HANDFRITTIERTE POMMES
- [ ] FETTREDUZIERTE POMMES
- [ ] DÜNNE POMMES
- [ ] DICKE POMMES
- [ ] RIFFEL-POMMES
- [ ] COUNTRY POTATOES
- [ ] KARTOFFELPUFFER
- [ ] KROKETTEN
- [ ] SÜSSKARTOFFEL-POMMES
- [ ] KOHLRABI-POMMES

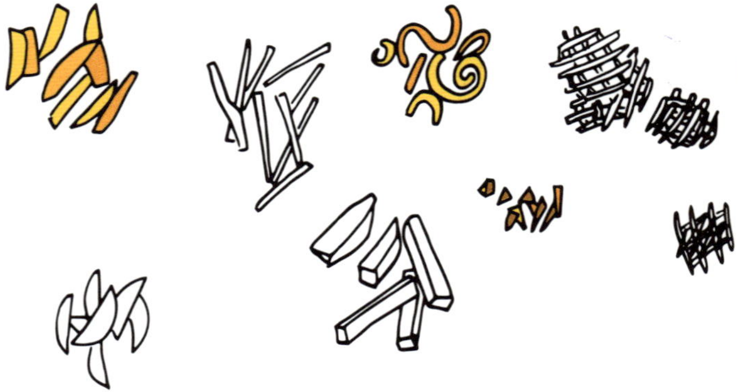

TOPPING:

- [ ] SALZ
- [ ] PFEFFER
- [ ] ESSIG
- [ ] ZWIEBELRINGE
- [ ] BBQ-GEWÜRZ
- [ ] CHILIPULVER
- [ ] GERIEBENER KÄSE

DIP

- [ ] KETCHUP
- [ ] MAYONNAISE
- [ ] CHILLI-CHEESE-SAUCE
- [ ] THOUSAND ISLAND DRESSING
- [ ] SOUR CRÈME
- [ ] SAUCE TARTARE
- [ ] KEINE SAUCE, LIEBER MEHR POMMES!
- [ ] ANDERE: ____________________

Lieferservice & Take-away

SO SIEHT EINE OPTIMALE TAKE-AWAY-BESTELLUNG AUS:

☐ CHINESISCH:

☐ ITALIENISCH:

☐ JAPANISCH:

☐ INDISCH:

☐ BURGER:

☐ MEXIKANISCH:

☐ ORIENTALISCH:

☐ THAILÄNDISCH:

☐ FISH & CHIPS:

☐ FRIED CHICKEN:

☐ ANDERES:

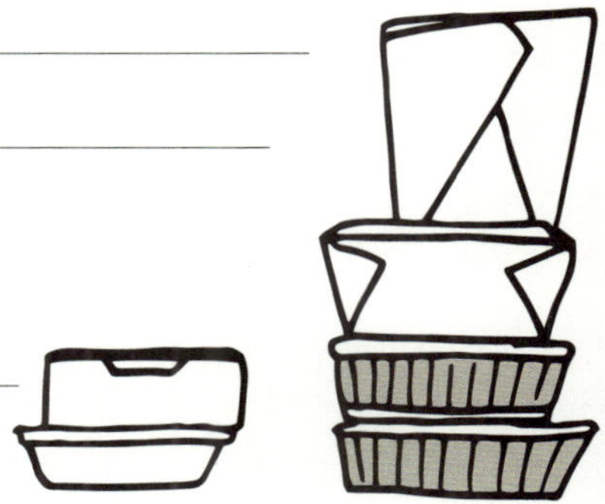

WEITERE ANMERKUNGEN:

Tischmanieren

WENN ESSEN AUF DEN BODEN FÄLLT:

- ☐ GILT DIE 5-SEKUNDEN-REGEL.
- ☐ GILT DIE 10-SEKUNDEN-REGEL.
- ☐ WENN KEIN SCHMUTZ DRAN IST, KANN MAN'S NOCH ESSEN.
- ☐ DARAUF ZU PUSTEN VERNICHTET JEGLICHE BAKTERIEN.
- ☐ ESSEN, DAS DEN BODEN BERÜHRT HAT, IST FÜR MICH GESTORBEN.

WIE SOLLTEN DIE FOLGENDEN GERICHTE VERSPEIST WERDEN?

PIZZA	MIT DEN HÄNDEN ☐ MIT MESSER & GABEL ☐
SUSHI	MIT DEN HÄNDEN ☐ MIT STÄBCHEN ☐
BURGER	MIT DEN HÄNDEN ☐ MIT MESSER & GABEL ☐
BURRITOS/TACOS	MIT DEN HÄNDEN ☐ MIT MESSER & GABEL ☐
HÜHNCHEN	MIT DEN HÄNDEN ☐ MIT MESSER & GABEL ☐

ESSTISCH-REGELN:

- ☐ KEIN TV
- ☐ KEINE HANDYS
- ☐ KEINE ZEITUNGEN
- ☐ NICHT MIT VOLLEM MUND REDEN
- ☐ DAS BESTECK ORDENTLICH HALTEN
- ☐ EIN DANKGEBET SPRECHEN
- ☐ DEM KOCH DANKEN
- ☐ UM ERLAUBNIS FRAGEN, BEVOR MAN AUFSTEHT
- ☐ ERST ZU ESSEN BEGINNEN, WENN ALLE SITZEN

WENN ES UM'S TEILEN GEHT:

- ☐ GETEILTE FREUDE IST DOPPELTE FREUDE.
- ☐ DEN TELLER IMMER LEER ESSEN, SONST REGNET ES MORGEN.
- ☐ WENN ICH RANKOMMEN KANN, DARF ICH ES MIR SCHNAPPEN, AUCH WENN ES AUF DEINEM TELLER LIEGT.
- ☐ ICH TEILE MEIN ESSEN NICHT.

ANDERE VEREINBARUNGEN: ______________________

____

Steak-Seismograf

☐ ROH	☐ BLUTIG	☐ RARE	☐ MEDIUM RARE	☐ MEDIUM	☐ MEDIUM WELL DONE	☐ WELL DONE	☐ VERKOHLT

FLEISCHSORTE: ______________________

MIT:

PFEFFERSAUCE ☐ SAUCE BÉARNAISE ☐ PILZSAUCE ☐ KRÄUTERBUTTER ☐ SENF ☐
KETCHUP ☐ BBQ-SAUCE ☐ ANDERES: __________

WEITERE ANFORDERUNGEN: ______________________

____

Kuchen & Co.

KUCHEN IST GUT, ABER DIESER KUCHEN IST BESSER:

SORTE:

- ☐ STRUDEL
- ☐ BISQUITROLLE
- ☐ OBSTKUCHEN
- ☐ KÄSEKUCHEN
- ☐ NUSSKUCHEN
- ☐ SAHNETORTE
- ☐ TARTE TARTIN
- ☐ ANDERE: ______________

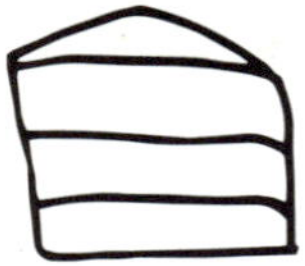

GESCHMACKS-RICHTUNG:

- ☐ SCHOKOLADE
- ☐ ERDBEER
- ☐ ZITRONE
- ☐ KAFFEE
- ☐ MÖHREN
- ☐ WEITERE: ______________

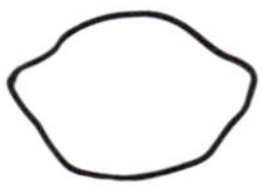

ANDERE PRÄFERENZEN:

____

____

- ☐ + SPRITZGLASUR (REICHLICH)
- ☐ + BUTTERCRÈME-TOPPING (REICHLICH)
- ☐ + MARZIPANVERZIERUNG (REICHLICH)
- ☐ + SCHLAGSAHNE (REICHLICH)
- ☐ + BAISERVERZIERUNG (REICHLICH)

- ☐ + VANILLESAUCE
- ☐ + SCHOKOSAUCE
- ☐ + EISCREME
- ☐ + EIERLIKÖR

ANDERES GEBÄCK:

- ☐ DOUGHNUT
- ☐ ÉCLAIR
- ☐ PUNSCHKRAPFEN
- ☐ ZIMTSCHNECKE
- ☐ MUFFIN
- ☐ BROWNIE
- ☐ BIENENSTICH
- ☐ NUSSSCHNECKE
- ☐ BLÄTTERTEIGTASCHE
- ☐ KOKOSMAKRONE
- ☐ MACARON
- ☐ SOUFFLÉ
- ☐ FRANZBRÖTCHEN
- ☐ WEITERE: ______________

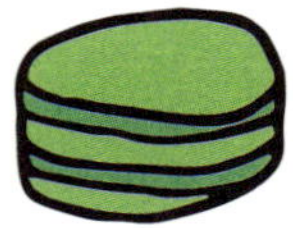

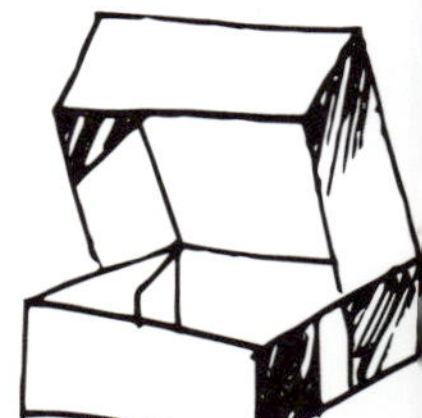

Die Pfannkuchen-Debatte ...

CRÊPE ODER PANCAKE – DAS IST HIER DIE FRAGE!

- ☐ DICK UND SAFTIG
- ☐ HAUCHDÜNN

- ☐ DURCH SCHLEUDERN IN DER LUFT WENDEN
- ☐ MIT DEM PFANNENHEBER WENDEN

... und die Joghurt-Kontroverse

ES GIBT NUR EINE WAHRHEIT, UND ZWAR:

- ☐ DIE ZUTATEN GEHÖREN IN DEN JOGHURT.
- ☐ DER JOGHURT GEHÖRT ÜBER DIE ZUTATEN.

- ☐ ALLES DURCHMISCHEN, DANN ESSEN.
- ☐ LÖFFELWEISE ABWECHSELND JE ETWAS VOM JOGHURT UND ETWAS VON DEN ZUTATEN ESSEN.

ANMERKUNGEN: ______________________

____

Das Eiscreme-Manifest

☐ MILCHEIS
☐ SAHNEEIS
☐ SORBET
☐ FROZEN YOGHURT

SORTE:

☐ SCHOKOLADE
☐ ERDBEER
☐ VANILLE
☐ WALNUSS
☐ PISTAZIE
☐ STRACCIATELLA
☐ MALAGA
☐ ZITRONE
☐ HIMBEER-JOGHURT
☐ ANDERE: ______________

☐ + BUNTE STREUSEL
☐ + SCHOKOSAUCE
☐ + KARAMELLSIRUP
☐ + HIMBEERSAUCE
☐ + NÜSSE
☐ + WAFFELN
☐ + FRISCHE FRÜCHTE
☐ + SCHLAGSAHNE
☐ + ANDERES: ______________

EISGETRÄNKE

☐ EISKAFFEE
☐ EISSCHOKOLADE
☐ CAFÉ FRAPPÉ
☐ »ENTENSCHISS« (COLA + VANILLEEIS)

SPECIALS:

☐ EISTORTE
☐ EISKONFEKT
☐ EIS-SPAGHETTI
☐ WEITERES: ______________

SERVIEREN:

☐ IM BECHER
☐ IN DER WAFFEL
☐ MIT DEM LÖFFEL IN DER PACKUNG

ANDERE VORLIEBEN: ______________

____

____

Die guten ins Kröpfchen ...

DIESE GUMMIBÄRCHEN/SCHOKOLINSEN SIND AM LECKERSTEN:

DIESE SÜSSIGKEITEN SCHMECKEN AM BESTEN:

____

ANDERE KOMMENTARE:

____

____

____

Schokoladen-vorlieben

☐ WEISS ☐ MILCH ☐ DUNKEL ☐ EDELBITTER

☐ MIT FRÜCHTEN DRIN
☐ MIT NÜSSEN DRIN
☐ MIT NÜSSEN & FRÜCHTEN DRIN
☐ MIT CRÈMEFÜLLUNG
☐ MIT CHILLIGESCHMACK
☐ MIT ORANGENAROMA
☐ MIT MINZAROMA
☐ MIT KARAMELLFÜLLUNG
☐ MIT KOKOSFLOCKEN
☐ MIT KEKSSTÜCKEN
☐ SCHNAPSPRALINEN
☐ ANDERE: ______________

PRIORITÄT:

☐ QUALITÄT
☐ QUANTITÄT

ANDERE ANMERKUNGEN:

____

____

____

Frische Früchte

RE: Tomaten

☐ EINE TOMATE IST EINE FRUCHT
☐ EINE TOMATE IST EIN GEMÜSE

OBSTVORLIEBEN:

☐ SÜSS
☐ SÄUERLICH

☐ KNACKIG
☐ SAFTIG

☐ KERNLOS
☐ MIT KERNEN! BLOSS NICHTS DEGENERIERTES!

☐ GESCHÄLT
☐ UNGESCHÄLT

☐ AM STÜCK, ZUM ABBEISSEN
☐ IN MUNDGERECHTE STÜCKE GESCHNITTEN

☐ LIEBLINGSOBST: ____________

Fifty Shades of Banana

FORM:

☐ SO GERADE WIE MÖGLICH
☐ LEICHT GEBOGEN
☐ STARK GEKRÜMMT

☐ GRÜN, NOCH NICHT REIF
☐ ES WIRD LANGSAM
☐ RICHTIG GELB
☐ ÜBER-REIF
☐ ETWAS MAT-SCHIG
☐ BRAUN, VERGAM-MELT, ZU SPÄT!

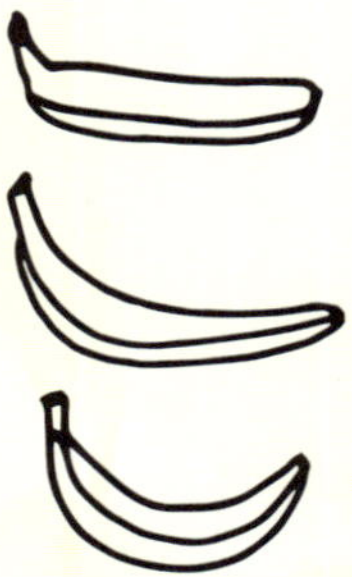

SCHALE:

☐ MAKELLOS GELB
☐ MIT EIN PAAR FLECKEN
☐ STARK GEFLECKT

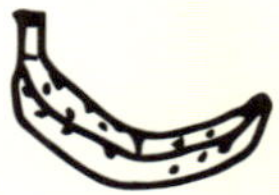

ANDERE ANMERKUNGEN:

____
____
____

Knabbereien

CHIPS:

- ☐ SALZ & PFEFFER
- ☐ SALZ & ESSIG
- ☐ CHEESE & ONION
- ☐ KRABBENCHIPS
- ☐ SWEET CHILI
- ☐ PAPRIKA
- ☐ ANDERE: ____________

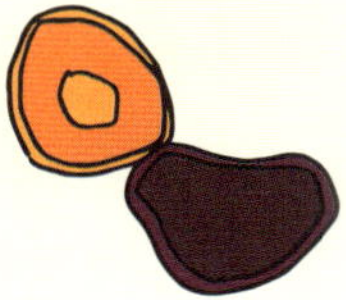

- ☐ STANDARD
- ☐ NACHOS
- ☐ FLIPS
- ☐ RINGE
- ☐ QUADRATE
- ☐ GEMÜSE-CHIPS (SÜSSKARTOFFEL, ROTE BETE ETC.)

MARKE: ____________

NÜSSE & KERNE:

- ☐ ERDNÜSSE
- ☐ PARANÜSSE
- ☐ MACADAMIANÜSSE
- ☐ PEKANNÜSSE
- ☐ MANDELN
- ☐ CASHEWKERNE
- ☐ WALNÜSSE
- ☐ KÜRBISKERNE
- ☐ HASELNÜSSE
- ☐ PISTAZIEN
- ☐ ANDERE: ____________

- ☐ ROH
- ☐ MIT HONIG GERÖSTET
- ☐ GESALZEN & GERÖSTET

ANDERE KOMMENTARE: ____________

____

Abwaschen

DRECKIGES GESCHIRR WIRD FOLGENDERMASSEN BEHANDELT:

- ☐ HAST DU ES BENUTZT? DANN WASCH ES AB! WASCH ES SOFORT AB! IN DER HÖLLE IST EINE EXTRAABTEILUNG FÜR DIEJENIGEN RESERVIERT, DIE IHREN ABWASCH ANDEREN ÜBERLASSEN!
- ☐ MACH ICH SPÄTER (ENTSPRICHT DER WAHRHEIT)
- ☐ MACH ICH SPÄTER (ENTSPRICHT NICHT DER WAHRHEIT)
- ☐ ICH VERWENDE ERST MAL ALLE VERFÜGBAREN GESCHIRRTEILE IN DER KÜCHE UND KAUFE LIEBER NEUE, BEVOR ICH MICH ANS ABWASCHEN MACHE. ERST, WENN WIRKLICH ALLES KOMPLETT DRECKIG IST, DENKE ICH ÜBER EINEN ABWASCH NACH.
- ☐ ABWASCHEN IST SACHE DER SPÜLMASCHINE!

DRECKIGES GESCHIRR WIRD AUF DIESE WEISE DEPONIERT:

- ☐ DER WEG IN DIE KÜCHE IST BESCHWERLICH. ES IST ABSOLUT O.K., BENUTZTES GESCHIRR ERST MAL AN ORT UND STELLE STEHEN ZU LASSEN UND DANN ALLES IN EINEM SCHWUNG ZU ERLEDIGEN.
- ☐ DRECKIGES GESCHIRR IST EKELIG, MAN SAMMLE ES IM KÜCHENSPÜLBECKEN, FALLS MAN ES NICHT SOFORT ABWÄSCHT.
- ☐ DRECKIGES GESCHIRR WIRD NIRGENDWO DEPONIERT, DAS ZIEHT RATTEN UND UNGEZIEFER AN!

ANDERE MEINUNGEN: ______________________

____

Spülmethoden

NUN GEHT ES ANS EINGEMACHTE. RICHTG ABGESPÜLT WIRD FOLGENDERMASSEN:

VON HAND:

☐ ALLES IN EINER EINZIGEN WASCHBECKENFÜLLUNG SPÜLEN. WASSER SPAREN, GELD SPAREN UND DER UMWELT EINEN GEFALLEN TUN.

☐ DAS WASSER LAUFEN LASSEN UND JEDES GESCHIRRTEIL EINZELN ABSPÜLEN. ALLES ANDERE IST KEIN »ABWASCHEN«, SONDERN EIN »IN SCHMUTZWASSER EINWEICHEN« UND PURE ZEIT- UND RESSOURCENVERSCHWENDUNG.

IN DER GESCHÜRRSPÜLMASCHINE:

☐ BESTECK MIT DER SCHNEIDE NACH OBEN (DAMIT ES NICHT STUMPF WIRD).

☐ BESTECK MIT DER SCHNEIDE NACH UNTEN (DAMIT KEINER VERLETZT WIRD).

☐ SCHÜSSELN UND TELLER MIT DER ÖFFNUNG NACH UNTEN EINRÄUMEN.

☐ SCHÜSSELN UND TELLER SEITLICH STEHEND EINRÄUMEN.

☐ NICHT ZU VOLLPACKEN, SONST WIRD ES NICHT RICHTIG SAUBER.

☐ KEINE SPEZIELLE METHODE, HAUPTSACHE, DIE MASCHINE WIRD VOLLSTÄNDIG GEFÜLLT.

☐ DAS RICHTIGE EINRÄUMEN GLEICHT DEM LÖSEN EINER TANGRAM-AUFGABE.

☐ WIR HABEN KEINE SPÜLMASCHINE.

ANDERE ANMERKUNGEN:

KAPITEL 2: BADEZIMMER

Körperpflege

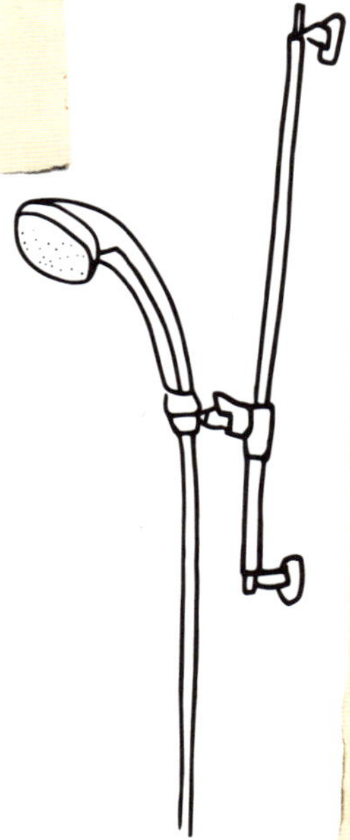

SÄUBERUNGSART:

- ☐ DUSCHEN
- ☐ BADEN
- ☐ WASSER & WASCHLAPPEN
- ☐ GAR NICHT. NATUR IST TRUMPF UND KÖRPERPFLEGE WIRD ÜBERBEWERTET.

HÄUFIGKEIT:

- ☐ MORGENS: ________ UHR, NACH DEM AUFSTEHEN
- ☐ ABENDS: ________ UHR, VORM INS BETT GEHEN
- ☐ MORGENS & ABENDS
- ☐ UND NACH SPORT- ODER FREIZEITAKTIVITÄTEN

ANDERE PRÄFERENZEN: ____________________

____

____

____

Pflegebedürfnis

BRAUCHT ES EINIGE ZEIT, BIS MAN SICH RUNDUM SAUBER FÜHLEN KANN, ODER IST ES MIT EINER KATZENWÄSCHE AUCH GETAN?

DAUER DES DUSCHENS/ BADENS:

☐ < 1 MINUTE
☐ 1–5 MINUTEN
☐ 5–10 MINUTEN
☐ 10–20 MINUTEN
☐ 30–60 MINUTEN
☐ 1 STUNDE +

ZÄHNEPUTZEN:

☐ WIE OFT? ____________________
☐ WANN? ____________________
☐ WIE LANGE? ____________

SO OFT SOLLTE MAN SICH WASCHEN:

☐ MEHRMALS TÄGLICH
☐ TÄGLICH
☐ EIN PAAR MAL PRO WOCHE
☐ AB UND ZU
☐ WENN ES ZU MÜFFELN BEGINNT
☐ EINE DRECKSCHICHT IST GUT FÜR DIE HAUT

ANMERKUNGEN:

____

____

____

Wasser & Seife

WASSERTEMPERATUR:

- ☐ KALT
- ☐ LAUWARM
- ☐ HEISS
- ☐ BRÜHEND HEISS (ZUM HUMMER KOCHEN)

EXTRAS:

- ☐ + KERNSEIFE
- ☐ + PARFÜMIERTE SEIFE
- ☐ + SCHAUMBAD. MARKE: ____________
- ☐ + GANZ BESONDERES DUSCHGEL, MARKE: ____________
- ☐ + BADESALZ
- ☐ + BADEKAPSELN
- ☐ + DUSCHPEELING
- ☐ + DUSCHÖL
- ☐ + SHAMPOO, MARKE: ____________
- ☐ + SPÜLUNG, MARKE: ____________
- ☐ + KOMBI AUS SHAMPOO & SPÜLUNG,
  MARKE: ____________
- ☐ + KOMBI AUS SHAMPOO, SPÜLUNG & DUSCHGEL, MARKE: ____________
- ☐ NICHTS DAVON, PURES WASSER GENÜGT, DANKE.

ANDERE KONDITIONEN:

____

____

Das Badezimmer ist ...

- ☐ DER PERFEKTE ORT ZUM SINGEN! (TOLLE AKUSTIK)
- ☐ KEIN ORT ZUM SINGEN! (EGAL, WIE TOLL DIE AKUSTIK IST)
- ☐ EIN PRIMA ORT ZUM LESEN.
- ☐ OPTIMAL, UM VIDEO-GAMES DARIN ZU SPIELEN.
- ☐ EIN GUTER PLATZ, UM UNGESTÖRT IM INTERNET ZU SURFEN.
- ☐ EINE OASE DER RUHE MIT KERZENLICHT.
- ☐ DAZU DA, UM SICH DARIN ZU WASCHEN, SCHLUSS, AUS, ENDE.

ANDERE KOMMENTARE:

Handtuch-Vorlieben

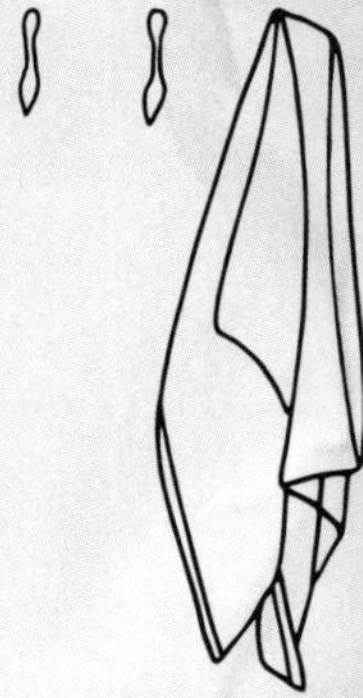

HANDTUCHEIGENSCHAFTEN:

- ☐ KALT UND KNUBBELIG
- ☐ WARM UND KUSCHELIG

- ☐ KLEIN
- ☐ MITTEL
- ☐ GROSS
- ☐ RIESIG

- ☐ LEINEN
- ☐ FROTTEE
- ☐ MIKROFASER

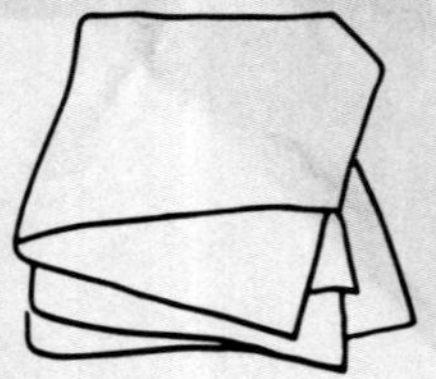

DA TROCKNEN HANDTÜCHER NACH BENUTZUNG:

- ☐ AUF DEM BODEN
- ☐ ÜBER DER HEIZUNG
- ☐ AM HANDTUCHHALTER
- ☐ AUF DEM STUHL
- ☐ IM WÄSCHEKORB

FRISCHEGRAD DER HANDTÜCHER:

- ☐ NACH JEDEM GEBRAUCH WECHSELN.
- ☐ WECHSELN, SOLANGE ES NICHT SCHMUTZIG IST? EIN HANDTUCH IST DOCH KEIN OP-TUCH.

FARBE:

- ☐ WEISS
- ☐ BEIGE
- ☐ BLAU
- ☐ GRÜN
- ☐ ROT
- ☐ ORANGE
- ☐ PINK
- ☐ GELB
- ☐ BRAUN
- ☐ GRAU
- ☐ SCHWARZ
- ☐ GEMUSTERT/MOTV: ____________

☐ ABTROCKNEN IST UNNÖTIG, DAS TROCKNET AN DER LUFT DOCH VON ALLEINE.

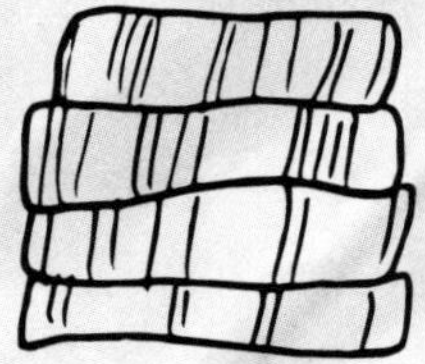

ANDERE NOTIZEN:

____

____

____

Sich schick machen

UM AUSREICHEND GEPFLEGT AUSSER HAUS ZU GEHEN DAUERT ES:

MORGENS:

- ☐ < 5 MINUTEN
- ☐ 5–10 MINUTEN
- ☐ 10–20 MINUTEN
- ☐ 20–30 MINUTEN
- ☐ 30–60 MINUTEN
- ☐ 1 STUNDE + (____ STUNDEN)

ZUM WEGGEHEN ABENDS:

- ☐ < 5 MINUTEN
- ☐ 5–10 MINUTEN
- ☐ 10–20 MINUTEN
- ☐ 20–30 MINUTEN
- ☐ 30–60 MINUTEN
- ☐ 1 STUNDE + (____ STUNDEN)

BESONDERE STYLINGMASSNAHMEN:

____

____

____

Toiletten-Knigge

☐ TOILETTENDECKEL NACH BENUTZUNG OFFEN STEHEN LASSEN.
☐ TOILETTENDECKEL NACH BENUTZUNG NACH UNTEN KLAPPEN.
☐ OB DER TOILETTENDECKEL HOCH- ODER RUNTERGEKLAPPT IST, IST MIR EGAL, WICHTIGER IST, DASS ER REGELMÄSSIG GEPUTZT WIRD. *

*SO OFT MUSS DIE TOILETTE GEREINIGT WERDEN:

☐ MEHRMALS TÄGLICH
☐ TÄGLICH
☐ 1 × PRO WOCHE
☐ AB UND ZU

WER MUSS DIE TOILETTE PUTZEN?

☐ DERJENIGE, DER SIE AM HÄUFIGSTEN BENUTZT HAT.
☐ DERJENIGE, DER DIE UNEMPFINDLICHSTE NASE HAT.
☐ NAME: ______________________________

SO OFT MUSS GESPÜLT WERDEN:

☐ NACH JEDEM TOILETTENGANG NATÜRLICH!
☐ SPÜLEN IST NACH KLEINEN GESCHÄFTEN NICHT UNBEDINGT ERFORDERLICH.
☐ SOBALD DER GERUCH UNANGENEHM WIRD.

ANDERE ANMERKUNGEN:
____
____

Klopapier-Verwirrungen

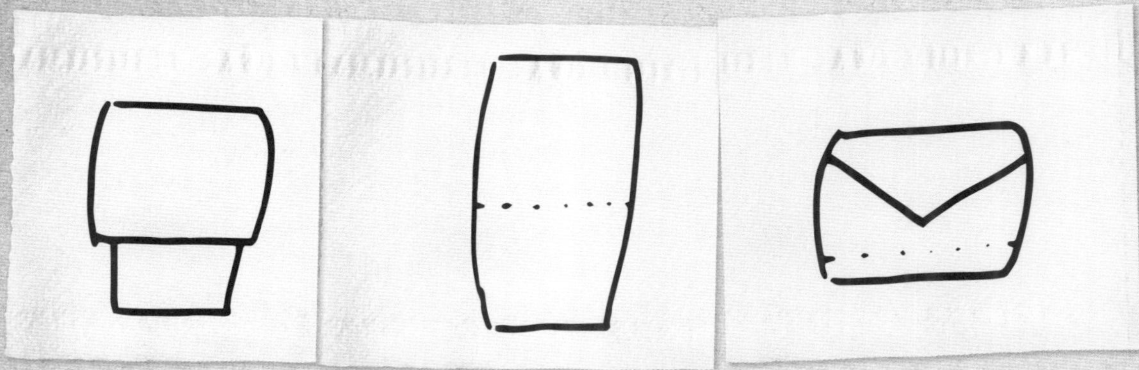

☐ NACH HINTEN

☐ NACH VORNE*

☐ MIT GEFALTETER SPITZE, WIE IN HOTELS

* ANMERKUNG: WER JEMALS ZWEIFEL DIESBEZÜGLICH GEHABT HABEN SOLLTE, MöGE SICH SAGEN LASSEN, DASS IN GUTEN HOTELS DIE KLOPAPIERROLLE STETS NACH VORNE AUF DEM HALTER BEFESTIGT WIRD. UND BASTA.

ANMERKUNGEN:

Klopapier-Diplomatie

- ☐ DERJENIGE, DER DIE LETZTE ROLLE TOILETTENPAPIER ANBRICHT, MUSS NEUES HOLEN.
- ☐ DERJENIGE, DER DAS LETZTE STÜCK TOILETTENPAPIER BENUTZT, MUSS DIE ROLLE ERSETZEN. MAN WERFE DIE LEERE ROLLE WEG UND TAUSCHE SIE GEGEN EINE NEUE AUS. DIES IST NICHT OPTIONAL, SONDERN ZWINGEND ERFORDERLICH.
- ☐ WER AUCH IMMER EINKAUFT, SORGE DAFÜR, DASS IMMER GENUG TOILETTENPAPIER DA IST*, DANN WECHSLE ICH BEREITWILLIG DIE ROLLE AUS.

*DEM, DER TOILETTENPAPIER BEI RABATTAKTIONEN IN GROSSMENGEN EINKAUFT, SEI GEDANKT. ER KOMMT INS PARADIES.

Klopapier-Eigenschaften

FARBE: ____________________

MUSTER: ______________

MARKE: ________

- ☐ 1-LAGIG
- ☐ 2-LAGIG
- ☐ 3-LAGIG
- ☐ 4-LAGIG

- ☐ MIT STEPP-PRÄGUNG
- ☐ EXTRA-WEICH
- ☐ AUS RECYCLINGMATERIAL
- ☐ WAS IMMER AM PREISWERTESTEN IST. KLOPAPIER IST KLOPAPIER.
- ☐ KEIN KLOPAPIER, SONDERN WASSER UND EIN BIDET.

ANDERE ANFORDERUNGEN: ____________________

____

____

Stille Örtchen sind ...

(MEHRERE HÄKCHEN MÖGLICH)

- ☐ SUPER, UM VIDEOGAMES DARIN ZU SPIELEN.
- ☐ KLASSE, UM DARIN ZU TELEFONIEREN UND ZU CHATTEN.
- ☐ PRIMA ORTE ZUM ZEITUNGLESEN.
- ☐ WUNDERBAR, UM DARIN IM INTERNET ZU SURFEN.
- ☐ DER EINZIG RUHIGE ORT IM HAUS.
- ☐ EIN KLO IST KEIN WOHNZIMMER, SCHNELL REIN, SCHNELL RAUS, BASTA.

☐ IN DER TOILETTE DARF NIEMAND GESTÖRT WERDEN, EGAL, WIE LANGE ER BRAUCHT.

☐ NIEMAND DARF LÄNGER ALS _____ MINUTEN DAS KLO BLOCKIEREN.

Toiletten-Dekor

(ALLES AKZEPTABLE MIT HÄKCHEN VERSEHEN, ALLES INAKZEPTABLE DURCHSTREICHEN)

- ☐ PERSÖNLICH GEWONNENE URKUNDEN
- ☐ URKUNDEN, DIE VERWANDTE GEWONNEN HABEN
- ☐ SINGENDE FISCHE
- ☐ ZEITUNGEN & JOURNALE
- ☐ KREUZWORTRÄTSEL
- ☐ FOTOBILDBÄNDE
- ☐ POTPOURRI
- ☐ RAUMERFRISCHER
- ☐ DUFTKERZEN
- ☐ FERNSEHER

ANMERKUNGEN:

____

____

____

KAPITEL 3: WOHNZIMMER

So werden Bücher, CDs und DVDs sortiert:

- ☐ IN ALPHABETISCHER REIHENFOLGE
- ☐ IN CHRONOLOGISCHER REIHENFOLGE, NACH ENTSTEHUNGSJAHR
- ☐ NACH FARBE
- ☐ ANDERES SYSTEM: ____________
- ☐ WAS MEINST DU MIT »SORTIERT«?

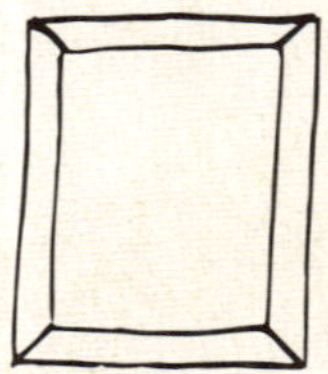

WÄNDE STATTET MAN AUS MIT:

- ☐ GEMÄLDEN
- ☐ POSTERN
- ☐ ZIERTELLERN
- ☐ SPIEGELN
- ☐ REGALEN
- ☐ DARTSCHEIBEN
- ☐ JAGDTROPHÄEN
- ☐ FOTOGRAFIEN
- ☐ TAPETEN
- ☐ EIERKARTONS (ALS SCHALLSCHUTZ)
- ☐ ANDEREM: ____________

Einrichtung

- ☐ NOSTALGISCH, VOLL PERSÖNLICHER ERINNERUNGSSTÜCKE
- ☐ BUNTGEMISCHT, WIE IN EINEM TRÖDELLADEN
- ☐ MODERN, SIEHT AUS WIE IM KATALOG
- ☐ MINIMALISTISCH, MIT DESIGNERMÖBELN, WIE IN EINER KUNSTGALERIE
- ☐ PRAGMATISCH (ALLES HAT SEINE FUNKTION)
- ☐ KLASSISCH, MIT WERTVOLLEN ANTIQUITÄTEN
- ☐ SPARTANISCH (NUR DAS ABSOLUT NÖTIGSTE)

EINSTELLUNG, PERSÖNLICHEM BESITZ GEGENÜBER:

- ☐ WAS MEIN IST, IST DEIN.
- ☐ WAS DEIN IST, IST MEIN.
- ☐ MEINE SACHEN SIND UNSERE SACHEN.
- ☐ WIE MEINST DU DAS MIT ICH DARF »DEINE« SACHEN NICHT BENUTZEN?!

Couchtisch-Utensilien

- ☐ FOTOBILDBÄNDE, ZUM ANGUCKEN
- ☐ FOTOBILDBÄNDE, ALS UNTERSETZER
- ☐ JOURNALE & ZEITUNGEN, ZUM LESEN
- ☐ JOURNALE & ZEITUNGEN, ALS UNTERSETZER
- ☐ TATSÄCHLICHE UNTERSETZER
- ☐ SCHACHBRETT, ZUM ANGEBEN
- ☐ SCHACHBRETT, ZUM SPIELEN
- ☐ NICHTS
- ☐ DER TISCH DIENT EHRLICH GESAGT EHER ALS FUSSSTÜTZE

Sitzgelegenheiten

DA SITZT ES SICH AM BEQUEMSTEN:

- ☐ AUF DER LINKEN SEITE DES SOFAS
- ☐ IN DER MITTE DES SOFAS
- ☐ AUF DER RECHTEN SEITE DES SOFAS
- ☐ IN MEINEM LIEBLINGSOHRENSESSEL
- ☐ AUF EINEM SITZSACK
- ☐ AUF DEM TEPPICH
- ☐ AUF DEM BLANKEN BODEN

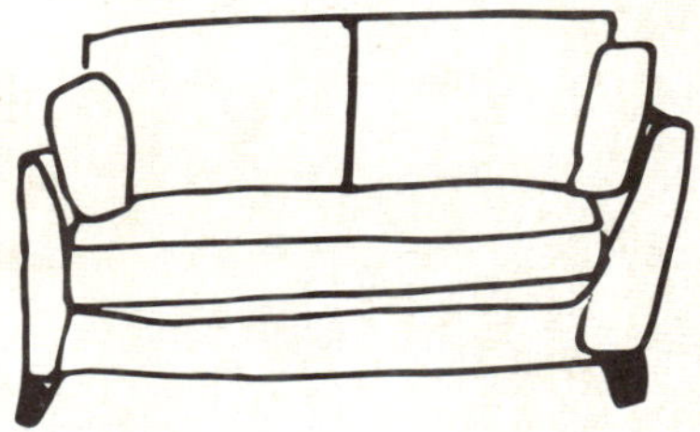

KISSEN-PRÄFERENZEN:

- ☐ ORDENTLICH, MIT KNICK
- ☐ NICHT ZU ORDENTLICH, LEGER
- ☐ »GEMÜTLICH« (EIN WILDES DURCHEINANDER)

ANDERE ANMERKUNGEN:

____

____

____

Bitte nicht stören beim ...

- ☐ SPIELEN
- ☐ YOGA ODER PILATES MACHEN
- ☐ MEDITIEREN
- ☐ ARBEITEN
- ☐ SCHLAFEN
- ☐ LESEN
- ☐ TELEFONIEREN
- ☐ WEITERES: ____________________

DAS SOLLTE MAN AUSSERDEM BEACHTEN:

____

____

____

____

____

Musik

OLD SCHOOL, NEW SCHOOL ODER HIPSTER?

LIEBLINGSMEDIUM:

- ☐ INTERNET-RADIO
- ☐ CDs
- ☐ KASSETTEN
- ☐ SCHALLPLATTEN
- ☐ TRANSISTORRADIO
- ☐ INSTRUMENT / LIVEMUSIK

MUSIKER / MUSIKRICHTUNGEN, DIE ABSOLUT UNERTRÄGLICH SIND:

____

____

____

____

- ☐ WER IN MEINER GEGENWART EINEN DERART MIESEN MUSIKGESCHMACK BEIBEHALTEN MÖCHTE, MÖGE BITTE KOPFHÖRER VERWENDEN.

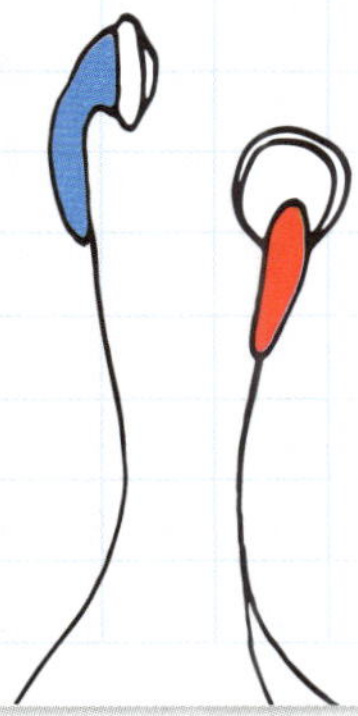

Computer

- ☐ MAC
- ☐ PC
- ☐ LAPTOP

LESE- UND SCHREIBGERÄTE

- ☐ SMARTPHONE
- ☐ TABLET
- ☐ PHABLET
- ☐ LAPTOP
- ☐ COMPUTER
- ☐ SCHREIBMASCHINE
- ☐ STIFT UND PAPIER

INTERNETNUTZUNG:

- ☐ BITTE NICHT DAS WLAN-PASSWORT ÄNDERN, OHNE MIR VORHER BESCHEID ZU SAGEN.
- ☐ BITTE KEINE SCHMUDDEL-TV-SENDUNGEN ODER FRAGWÜRDIGEN VIDEOS RUNTERLADEN – DAS VERLANGSAMT DAS SYSTEM UND ICH HASSE DICH UND DIE WELT DAFÜR, VOR ALLEM ABER DICH!

ANDERE ANMERKUNGEN: ______________________________

Fernbedienungs-Hierarchie

SO KÖNNEN MEINUNGSVERSCHIEDENHEITEN BEZÜGLICH DER PROGRAMM- ODER SPIELEAUSWAHL BEHOBEN WERDEN:

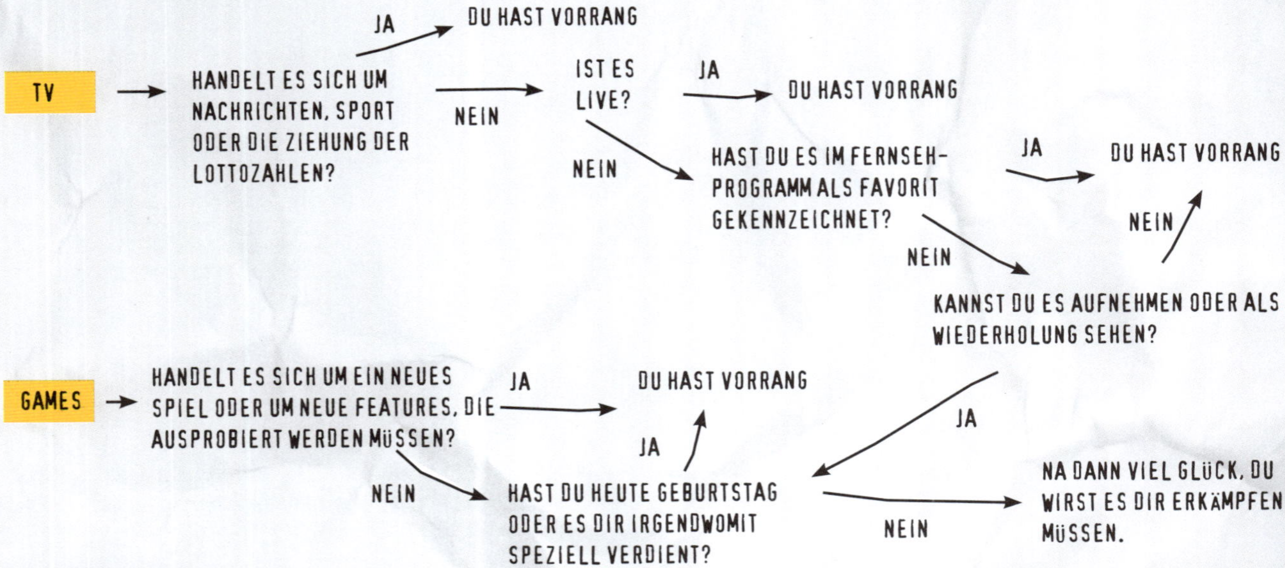

ANMERKUNGEN:

WENN DURCH DEN FRAGENKATALOG KEIN EINDEUTIGER SIEGER ERMITTELT WERDEN KANN, MUSS SCHNICK-SCHNACK-SCHNUCK, EINE KISSENSCHLACHT ODER EIN DUELL ÜBER DIE SACHLAGE ENTSCHEIDEN. VIEL ERFOLG.

Das optimale Fernsehverhalten

SO SIEHT MAN SENDUNGEN & FILME:

- ☐ AUF DEM FERNSEHER
- ☐ AUF DEM TABLET, COMPUTER ODER SMARTPHONE
- ☐ IM HEIMKINO
- ☐ MIT EINEM BEAMER FÜR DEN BESONDEREN EFFEKT

- ☐ ALLEINE
- ☐ MIT ANDEREN, JE GRÖSSER DIE RUNDE, UMSO BESSER

SO VERFÄHRT MAN MIT FILMEN/SENDUNGEN, DIE MEHRERE MITBEWOHNER MÖGEN:

- ☐ WARTEN, BIS MAN ZEIT HAT, SIE GEMEINSAM ANZUGUCKEN
- ☐ WENN WER SCHON ALLEINE ETWAS ANSIEHT, DAS MAN EIGENTLICH GEMEINSAM HATTE GUCKEN WOLLEN, DANN HABE ER WENIGSTENS SO VIEL ANSTAND, AN DEN SPANNENDEN ODER RÜHRENDEN STELLEN SO ZU TUN, ALS SÄHE ER DAS GANZE ZUM ERSTEN MAL.
- ☐ WENN JEMAND GEMEINSCHAFTSFILME/SENDUNGEN ALLEINE GUCKT, IST DAS ABSOLUT UNVERZEIHLICH.

FOLGENDEM MUSS STETS DER ALLERGRÖSSTE RESPEKT ENTGEGENGEBRACHT WERDEN:

SPITZEN FILME:

____

SPITZEN TV-SENDUNGEN:

____

SPITZEN SCHAUSPIELER(INNEN)/PROMINENTE:

____

EXTRA-REGEL

- ☐ WER ETWAS LÖSCHT, DAS JEMAND ANDERER AUFGENOMMEN HAT, WIRD VOM FERNSEHDÄMON GRÄSSLICH BESTRAFT, UND DIES ZU RECHT.

ANDERE REGELN:

____

Reden vor laufendem Fernseher wird ...

- ☐ BEFÜRWORTET
- ☐ TOLERIERT
- ☐ SCHWER BESTRAFT

FOLGENDES IST BEIM FERNSEHEN UNTERSAGT:

- ☐ ESSEN
- ☐ STAUBSAUGEN
- ☐ TELEFONIEREN
- ☐ FUMMELN

ANDERE ANMERKUNGEN:

Fernsehablage

☐ HIER IST MIT EINEM KREUZ ZU MARKIEREN, WO IM WOHNZIMMER DIE FERNBEDIENUNG DEPONIERT WERDEN SOLL, DAMIT MAN SIE IMMER GLEICH PARAT HAT. ALTERNATIV, WENN ES KEINEN SOLCHEN ORT GIBT UND MAN SPASS AM FERNBEDIENUNGSSUCHEN HAT, KÖNNEN MIT MEHREREN FRAGEZEICHEN DIEJENIGEN ORTE MARKIERT WERDEN, AN DENEN MAN EVENTUELL NACH DER FERNBEDIENUNG SUCHEN KÖNNTE.

ANDERE INSTRUKTIONEN:

Bücher borgen

SO WIRD EIN BUCH ZURÜCKGEGEBEN:

- ☐ IN TADELLOSEM ZUSTAND! NICHTS DARF DARAUF SCHLIESSEN LASSEN, DASS MENSCHLICHE HÄNDE ES BERÜHRT HABEN.*
- ☐ LEICHTE ABNUTZUNG ODER NATÜRLICHER VERSCHLEISS SIND O.K., BÜCHER SOLLTEN MIT RESPEKT BEHANDELT, ABER GELESEN WERDEN.
- ☐ ES IST EIN BUCH. NIMM ES MIT IN DIE BADEWANNE ODER AN DEN STRAND, LASS ES ALLEINE MIT EINEM KLEINKIND ODER HAUSTIER, DAS PASST SCHON, SOLANGE DU ES GERNE LIEST.

WER EIN BUCH NICHT ZURÜCKGIBT:

- ☐ KANN DAS GERNE MACHEN, ICH LESE BÜCHER EH NIE EIN ZWEITES MAL.
- ☐ IST FÜR MICH GESTORBEN. ICH TUE SO, ALS WÜRDE ES MICH NICHT BESCHÄFTIGEN, WERDE EVENTUELL AB UND ZU DANACH FRAGEN, ODER ES GAR NICHT ERWÄHNEN. ABER INNERLICH PLANE ICH FÜRCHTERLICHE RACHE, BIS ZU DEM TAG, AN DEM ICH ES WIEDERHABE.

GELDSTRAFEN, RÜCKGABEFRISTEN, ANDERES:

____

____

* Keine Eselsohren, keine abgewetzten Buchdeckel und keine schriftlichen Anmerkungen darin! Auch im persönlichen Verleih gelten Büchereivorschriften! Man kann Bücher nicht mit rausgerissenen Seiten und merkwürdigen Flecken zurückgeben! Das Buch muss makellos aussehen, sodass man es jederzeit im Buchladen zurückgeben könnte und keiner merken würde, dass es gelesen wurde!

RE: E-Books

- ☐ SIND SUPER
- ☐ SIND O.K.
- ☐ SIND EIN SAKRILEG

KAPITEL 4: SCHLAFZIMMER

Früher Vogel oder Nachteule?

DIE NACHTRUHE MUSS FOLGENDERMASSEN GEWAHRT WERDEN:

NORMALE WECKZEIT:

- ☐ UM __________ MORGENS
- ☐ UM __________ NACHMITTAGS
- ☐ BEI SONNENAUFGANG
- ☐ ZU EINER VERNÜNFTIGEN ZEIT
- ☐ NACH HIGH NOON

AUFSTEHZEIT AM WOCHENENDE ODER AN FREIEN TAGEN:

- ☐ UM __________ MORGENS
- ☐ UM __________ NACHMITTAGS
- ☐ BEI SONNENAUFGANG (BLÖDE INNERE UHR!)
- ☐ ZU EINER VERNÜNFTIGEN ZEIT
- ☐ NACH HIGH NOON
- ☐ FREIE TAGE, WAS IST DAS?

WECKEN DARF MAN NIEMANDEN VOR:

- ☐ _____ UHR MORGENS
- ☐ _____ UHR NACHMITTAGS
- ☐ SONNENAUFGANG
- ☐ EINER VERNÜNFTIGEN ZEIT
- ☐ HIGH NOON

NORMALE LEUTE SIND:

- ☐ LERCHEN (FRÜHAUFSTEHER)
- ☐ EULEN (VAMPIRE)

ANDERE WARNUNGEN: ______________________

____

____

Ab ins Bettchen

DIE OPTIMALE ZUBETTGEHZEIT IST:

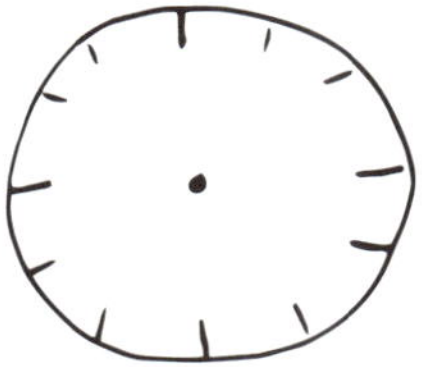

☐ MORGENS/NACHMITTAGS

☐ ABENDS/NACHTS

☐ LICHT AUS!

☐ EINE NOTBELEUCHTUNG BLEIBT AN – ALS ABSCHRECKUNG GEGEN EINBRECHER UND GEGEN MONSTER UNTER DEM BETT.

ANDERE NOTIZEN: ______________________

____

____

Bettgeschichten

BETTENART

- ☐ EINZELBETT
- ☐ DOPPELBETT
- ☐ WASSERBETT
- ☐ FUTON
- ☐ FELDBETT
- ☐ RUNDES BETT
- ☐ STOCKBETT
- ☐ HIMMELBETT
- ☐ HÄNGEMATTE
- ☐ MASSAGEBETT
- ☐ STROHLAGER
- ☐ ANDERES: ______

- ☐ HART
- ☐ ELASTISCH
- ☐ WEICH

BETTWÄSCHE:

- ☐ BAUMWOLLE
- ☐ SEIDE
- ☐ FLANELL
- ☐ FROTTEE
- ☐ LEINEN

- ☐ FARBE: ______
- ☐ MUSTER: ______
- ☐ ANDERES: ______

Kissenvorlieben

KISSENEIGENSCHAFTEN

- ☐ HART
- ☐ WEICH
- ☐ HEIZKISSEN
- ☐ DAUNEN
- ☐ ANTI-ALLERGEN
- ☐ PARFÜMIERT
- ☐ ANDERE: ______

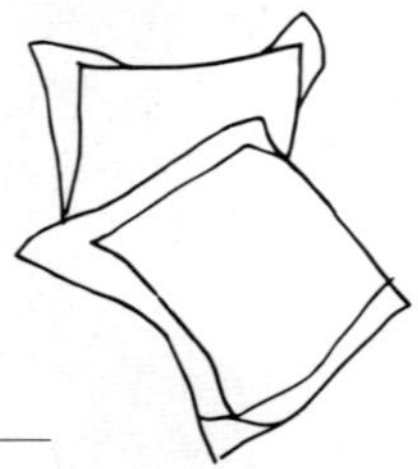

KISSENANZAHL

- ☐ EINES, WIE BEI NORMALEN LEUTEN
- ☐ ZWEI, WIE BEI BESONDEREN LEUTEN
- ☐ DREI, WIE BEI EXTRAVAGANTEN LEUTEN
- ☐ VIER + WEIL MAN DARAUF LIEGT WIE AUF EINER WOLKE

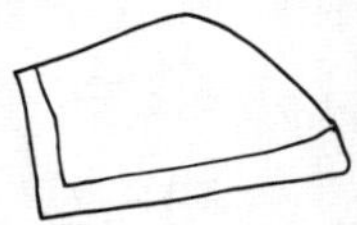

ANDERE KISSENANFORDERUNGEN:

______

______

Süße Träume

SO SOLLTE DIE PERFEKTE SCHLAFUMGEBUNG BESCHAFFEN SEIN:

LICHTVERHÄLTNISSE

- ☐ GEDIMMTES LICHT
- ☐ LICHT IM FLUR ANLASSEN
- ☐ LICHT GANZ AUS
- ☐ ROLLLÄDEN RUNTER + SCHLAFMASKE AUF

RAUMTEMPERATUR

- ☐ BEHAGLICH WARM, KEINE ZUGLUFT
- ☐ KÜHL, FENSTER BLEIBT OFFEN

EINSCHLAFHILFEN

- ☐ ABSOLUTE STILLE
- ☐ OHRENSTÖPSEL
- ☐ LEICHTE NEBENGERÄUSCHE
- ☐ WALGESÄNGE AUF TONBAND
- ☐ KRIMINALHÖRSPIELE
- ☐ SCHÄFCHENZÄHLEN
- ☐ ANDERES: ______________________

INS-BETT-GEH-RITUALE:

____

____

____

FÜR GLÜCKSPILZE:

- ☐ ICH KANN IMMER UND ÜBERALL SCHLAFEN

ANDERE NOTIZEN:

____

____

____

____

Werwolf oder Mega-Schnarcher?

WISSENSWERTES BEZÜGLICH MEINER SCHLAFGEWOHNHEITEN:

- ☐ ICH SCHLAFWANDLE.
- ☐ ICH BIN EIN BETTDECKEN-WEGZIEHER.
- ☐ ICH FECHTE NÄCHTLICHE KÄMPFE MIT DEM KISSEN AUS (ODER MIT DEM BETTNACHBARN, FALLS ER IN REICHWEITE KOMMT).
- ☐ ICH SCHLAFE MIT GEÖFFNETEN AUGEN.
- ☐ ICH REDE IM SCHLAF.
- ☐ ICH SCHNARCHE (NICHT ALLZU SCHLIMM).
- ☐ ICH SCHNARCHE (ZIEMLICH LAUT).
- ☐ ICH SCHNARCHE (ÜBELST, IST IN DEZIBEL KAUM ZU MESSEN).
- ☐ ICH LEIDE AN SCHLAFLOSIGKEIT.
- ☐ ICH WACHE BEIM KLEINSTEN GERÄUSCH AUF.
- ☐ ICH SCHLAFE WIE EIN STEIN.

ANDERE ANMERKUNGEN:

Vorwiegende Nutzung des Schlafzimmers

- ☐ ARBEITEN
- ☐ AUSRUHEN
- ☐ SPASS HABEN

INDIVIDUELLES SCHLAFBEDÜRFNIS:

- ☐ SCHLAFEN IST EINE MEINER LIEBLINGSBESCHÄFTIGUNGEN. ICH BENÖTIGE TÄGLICH ____ STUNDEN SCHLAF UND WERDE MICH BEI ALLEN, DIE ICH KENNE, EINDRINGLICH DARÜBER BEKLAGEN, WENN ICH WENIGER SCHLAF BEKOMME.
- ☐ SCHLAFEN KANN ICH, WENN ICH TOT BIN.

ANDERE IDEEN:

KAPITEL 5: GARTEN

Garten-Aktivitäten

DER GARTEN IST IM RAHMEN FOLGENDER AKTIVITÄTEN ZU GEBRAUCHEN:

☐ WIR HABEN KEINEN GARTEN

Rasenpflege

☐ STREIFENSCHNITT

☐ DIAMANTSCHNITT

☐ QUADRATSCHNITT

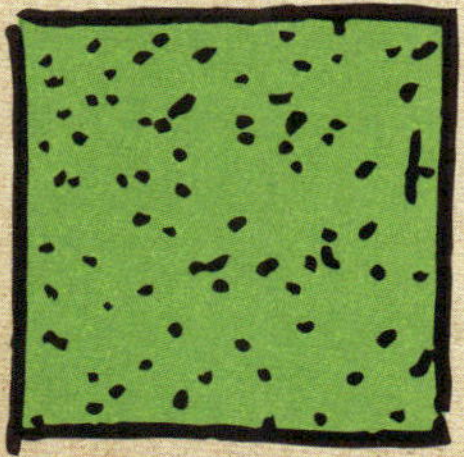

☐ KURZ UND GEPFLEGT

☐ KRAUT UND RÜBEN

☐ WIMBLEDON STANDARD

ANDERE VORSCHLÄGE

____

____

____

HÄUFIGKEIT DES RASENMÄHENS:

- ☐ WENN ER ZU UNGEPFLEGT AUSSIEHT
- ☐ ALLE PAAR TAGE/WOCHEN/MONATE/HALBJAHRE
- ☐ LIEBER WILDBLUMENWIESE ALS RASEN

Gartenarbeit

(BEAUFTRAGTE PERSONEN BITTE EINTRAGEN)

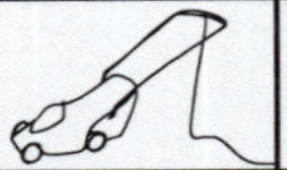	MÄHEN	
	JÄTEN	
	HECKEN SCHNEIDEN	
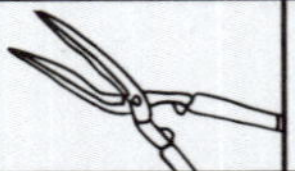	BÄUME ZURÜCKSCHNEIDEN	
	LAUB RECHEN	
	GIESSEN	
	ANPFLANZEN	
	ERNTEN	

EGAL, OB MAN SIE ALS ARBEIT ODER ALS VERGNÜGEN BETRACHTET – GARTENARBEIT WILL GEMACHT WERDEN. WER ÜBERNIMMT WAS?

ANDERE ANMERKUNGEN:

Försteraufgaben (BEAUFTRAGTE PERSONEN BITTE EINTRAGEN)

	FÜCHSE, WÖLFE, BÄREN, WILDKATZEN ETC. FERNHALTEN	
	WENIGER GEFÄHRLICHE WILDTIERE WIE VÖGEL, EICHHÖRNCHEN ODER IGEL FÜTTERN UND MIT WASSER VERSORGEN	
	SCHNECKEN LOSWERDEN	
	AMEISEN UND ANDERE INSEKTEN IM ZAUM HALTEN	
	DARAUF ACHTEN, DASS DAS GELÄNDE GUT GESICHERT IST (DURCH ZÄUNE, HECKEN UND MAUERN)	
	SCHNEE SCHIPPEN UND DIE GEHWEGE STREUEN	
	DEN POOL SÄUBERN (WENN ES EINEN GIBT)	
	AUTOS UND ANDERE VEHIKEL WASCHEN (WENN ES WELCHE GIBT)	

KAPTIEL 6: VERMISCHTES

Energieverbrauch

STROM:

- ☐ DAS LICHT AUSSCHALTEN, SOBALD MAN DEN RAUM VERLÄSST!
- ☐ VON MIR AUS KANN DAS LICHT ANBLEIBEN, WIR HABEN SPARLAMPEN.
- ☐ IRGENDEIN LICHT MUSS IMMER ANBLEIBEN, ALLEIN SCHON WEGEN DER GESPENSTER.

HEIZUNG:

- ☐ JE WÄRMER, UMSO BESSER
- ☐ EINEN PULLI ANZIEHEN
- ☐ DURCHS HAUS JOGGEN, DAMIT EINEM WARM WIRD

ABKÜHLUNG:

- ☐ DIE KLIMAANLAGE EINSCHALTEN
- ☐ EIN FENSTER ÖFFNEN
- ☐ ETWAS EISCREME ESSEN
- ☐ KALT DUSCHEN

ANDERE VORGABEN:

____

____

____

____

____

TECHNISCHE GERÄTE:

- ☐ GERÄTE UND KIPPSCHALTER IMMER AUSSCHALTEN, WENN SIE NICHT GEBRAUCHT WERDEN! SONST WERDEN BALD ALLE IN EINER FEUERSBRUNST STERBEN!
- ☐ IN ORDNUNG, GERÄTE AUSSCHALTEN, ABER NUR IM HINBLICK AUF DIE STROMRECHNUNG.
- ☐ DENKT AN DIE UMWELT. NEHMT GERÄTE VOM NETZ, WENN SIE NICHT GEBRAUCHT WERDEN, STANDBY-MODUS IST NICHT GENUG!
- ☐ ICH BIN DER FESTEN ÜBERZEUGUNG, DASS WISSENSCHAFTLER DAS ENERGIEPROBLEM LÖSEN WERDEN, SODASS ICH NICHT GENÖTIGT BIN, IRGENDWELCHE GERÄTE AUSZUSCHALTEN.
- ☐ WIR HABEN UNSERE EIGENE SOLAR- UND BIOGASANLAGE. WIR MACHEN, WAS WIR WOLLEN.

Einrichtungsstil

(BEVORZUGTEN STIL BITTE EINKRINGELN)

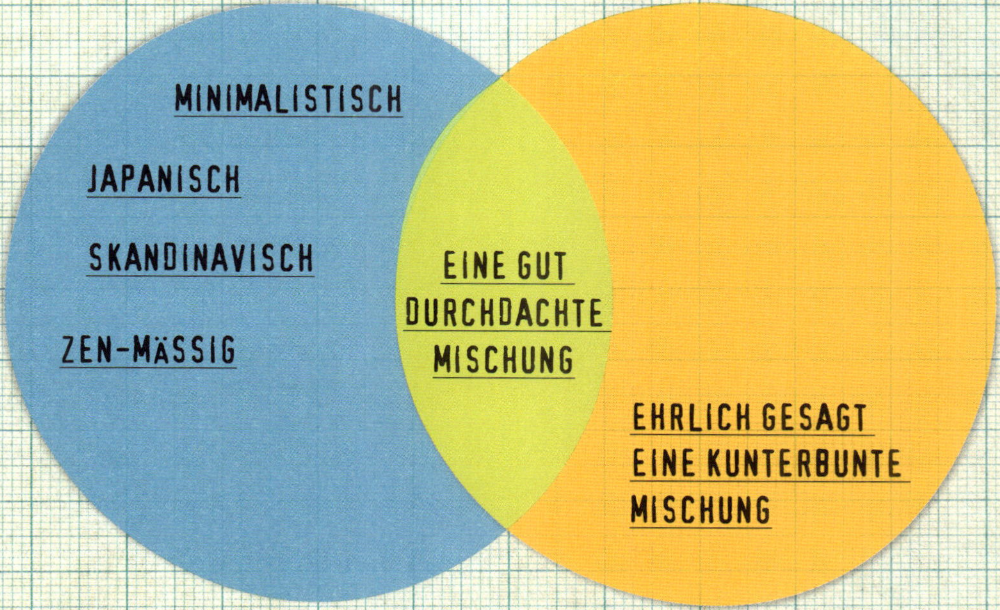

Hausarbeiten

WER ÜBERNIMMT WAS?
BITTE EINTRAGEN.

	KOCHEN	
	ABWASCHEN	
	WÄSCHE-WASCHEN	
	BÜGELN	
	STAUBSAUGEN	
	PUTZEN	
	AUFRÄUMEN	
	ANDERES	

FÜNF AUFGABEN, DIE ICH **NIEMALS** ÜBERNEHMEN WERDE, EGAL, WIE OFT MAN MICH DARUM BITTET:

1) ....

2) ....

3) ....

4) ....

5) ....

Einkaufen

WOCHE 1:	
WOCHE 2:	
WOCHE 3:	
WOCHE 4:	

ZUM EINKAUFEN BEAUFTRAGTE PERSON:

____

☐ JEDER KAUFT, WAS ER WILL, WANN ER ES WILL.

DA SOLLEN NAHRUNGSMITTEL EINGEKAUFT WERDEN:

☐ SUPERMARKT, NAME: ____________
☐ ONLINE, WEBSEITE: ____________
☐ BAUERNMARKT
☐ LOKALE LEBENSMITTELGESCHÄFTE
☐ BIO-KISTE
☐ ANDERES: ____________

EINKAUFSLISTE (VON FOLGENDEM MUSS IMMER GENUG VORRÄTIG SEIN):

☐ MILCH
☐ TEE
☐ KAFFEE
☐ BROT
☐ EIER
☐ ZUCKER
☐ ____________
☐ ____________
☐ ____________
☐ ____________
☐ ____________

Einkaufstüten

LEINENTASCHE, PAPIERTÜTE ODER PLASTIKTÜTE?

☐ PLASTIK- UND PAPIERTÜTEN WEGWERFEN. WAS SOLL DER GEIZ.
☐ PLASTIK- UND PAPIERTÜTEN AUFHEBEN UND MEHRMALS VERWENDEN.
☐ STOFFTASCHE BENUTZEN, DIE HÄLT JAHRELANG.

ANDERE ANMERKUNGEN:

____

____

____

Mülltrennung

SO FUNKTIONIERT RECYCLING:

- ☐ WIR PRODUZIEREN KEINEN MÜLL, ES WIRD ALLES KOMPOSTIERT.
- ☐ GLAS-, PAPIER-, METALL- UND PLASTIK WERDEN GETRENNT.
- ☐ GLOBALE ERWÄRMUNG IST EIN HIRNGESPINST.

WER SOLL DEN MÜLL RAUSBRINGEN?

____

AN WELCHEM TAG?

____

WER SOLL DIE MÜLLBEUTEL AUSWECHSELN?

RECYCLING-LEVEL:

- ☐ ICH BIN EIN RECYCLING-HELD.
- ☐ ICH SAMMLE ZUMINDEST ALTPAPIER.
- ☐ RE... WAS?

WIE STEHT ES MIT SCHMUTZSIEBEN UND VERSTOPFTEN ABFLÜSSEN?

- ☐ WER IMMER ES VERSTOPFT HAT, SOLL ES SAUBER MACHEN!
- ☐ WENN JEDER DIE HAARE UND ESSENSRESTE, DIE ER IM WASCHBECKEN HINTERLÄSST, SELBST ENTFERNEN WÜRDE, WÄRE DIE WELT UM EINIGES BESSER.
- ☐ ZUM ABFLUSSREINIGER ERNANNTE PERSON, NAME: ______________________

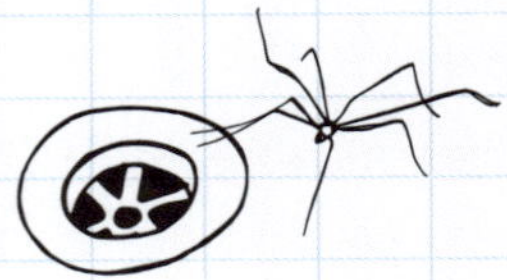

ANDERE MEINUNGEN:

____

____

____

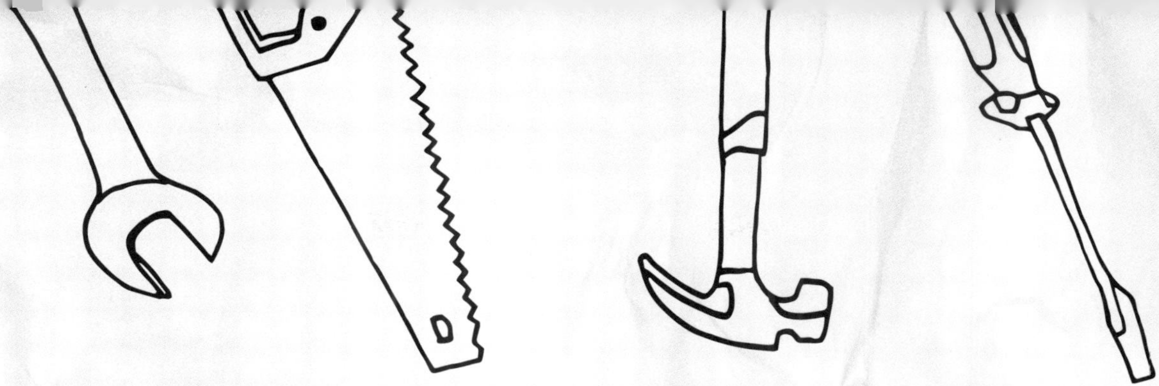

Heimarbeit & Reparaturen

- ☐ WIR BEAUFTRAGEN EINEN FACHMANN, SELBST WENN ES NUR UM DAS AUSWECHSELN EINER GLÜHBIRNE GEHT.
- ☐ EINFACHE SACHEN WIE WLAN INSTALLIEREN ODER SICHERUNGEN AUSTAUSCHEN ERLEDIGEN WIR SELBER – FÜR DIE MEISTEN ANDEREN DINGE LASSEN WIR ABER EINEN HANDWERKER KOMMEN.
- ☐ DIE AXT IM HAUS ... HANDWERKER RUFEN WIR NUR IM NOTFALL. KAPUTTE BOILER ODER DACHZIEGEL REPARIEREN WIR SELBST, EGAL, OB WIR DAZU QUALIFIZIERT* SIND ODER NICHT.

- ☐ * QUALIFIZIERT
- ☐ * VIELLEICHT EHER NICHT QUALIFIZIERT

ANDERE INSTRUKTIONEN:

Wäsche waschen

SO REINIGT MAN KLEIDUNG RICHTIG

- ☐ LIEBLINGSSTÜCKE AUS DER GEMEINSCHAFTSWÄSCHE AUSSORTIEREN.*
- ☐ ICH HABE WEDER ZEIT NOCH LUST, MEINE WÄSCHE SELBST ZU WASCHEN.
- ☐ DEN REINIGUNGSANWEISUNGEN AUF DEM ETIKETT FOLGEN.
- ☐ WENN ES NICHT SO AUSSIEHT, ALS WÜRDE ES GLEICH AUSEINANDERFALLEN, KOMMT ES IN DIE MASCHINE.
- ☐ KOCH- UND BUNTWÄSCHE GETRENNT WASCHEN GENÜGT.
- ☐ EMPFINDLICHES MUSS VON HAND GEWASCHEN WERDEN, ES FUNKTIONIERT NICHT, SPITZENWÄSCHE IN EINEN KOPFKISSENBEZUG ZU STOPFEN UND MIT IN DIE MASCHINE ZU PACKEN.
- ☐ EMPFINDLICHES WIE SPITZENWÄSCHE KANN EINFACH IN EINEN KOPFKISSENBEZUG GESTOPFT UND IN DER MASCHINE MITGEWASCHEN WERDEN.

- ☐ VORWASCHMITTEL, MARKE: ____________________
- ☐ WASCHMITTEL, MARKE: ____________________
- ☐ WEICHSPÜLER, MARKE: ____________________

FLÜSSIGWASCHMITTEL ☐ TABS ☐ PULVER ☐

BIO ☐ NICHT-BIO ☐ EXTRA SENSITIVE ☐ APFELESSIG ☐

*FÜR FEHLENDE ODER RUINIERTE STÜCKE WIRD KEINERLEI HAFTUNG ÜBERNOMMEN. WER SEINE LIEBLINGSSTÜCKE NICHT AUSSORTIERT UND EIGENHÄNDIG WÄSCHT, IST SELBER SCHULD.

- ☐ ICH GEBE ALLE WÄSCHESTÜCKE IN DIE CHEMISCHE REINIGUNG.
- ☐ ICH BEAUFTRAGE ____________________ DAMIT, MEINE WÄSCHE IN DIE CHEMISCHE REINIGUNG ZU BRINGEN.
- ☐ CHEMISCHE REINIGUNG? BIN ICH KRÖSUS?! ICH KAUFE NUR KLEIDUNGSSTÜCKE, DIE MAN IN DER MASCHINE WASCHEN KANN.
- ☐ ICH BIN ZWAR NICHT KRÖSUS, ABER EINIGE MEINER KLEIDUNGSSTÜCKE KÖNNEN NUR CHEMISCH GEREINIGT WERDEN.

ANDERE REGELN:

____

____

____

Wäsche aufhängen

FOLGENDE WÄSCHESTÜCKE MÜSSEN ZUM TROCKNEN AUFGEHÄNGT WERDEN

HOSEN

RÖCKE

KLEIDER

T-SHIRTS & PULLIS

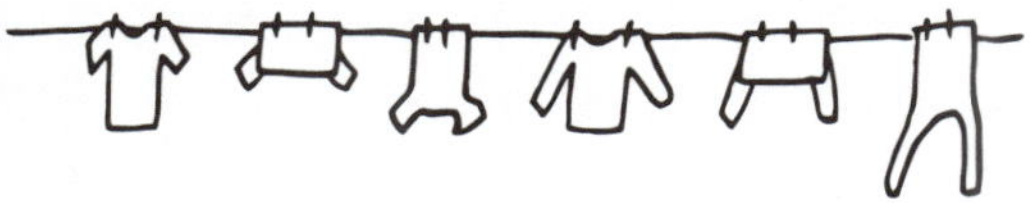

ANDERE VORSTELLUNGEN:

SHIRTS, CARDIGANS, JACKEN

HANDTÜCHER, BETTLAKEN

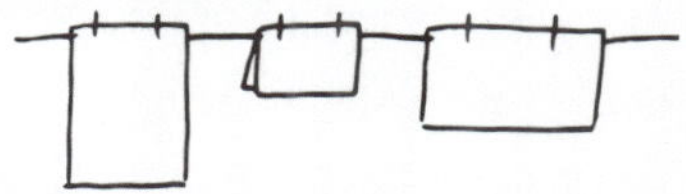

UNTERWÄSCHE

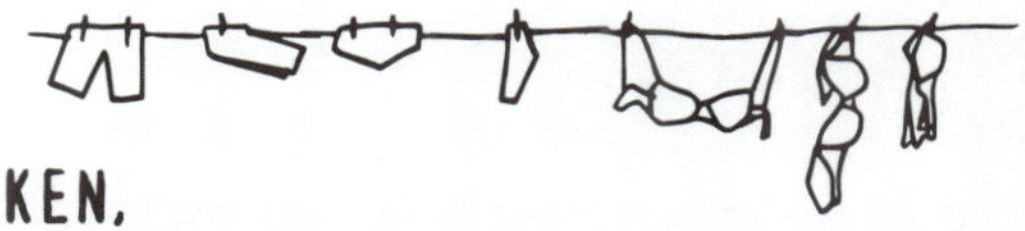

SOCKEN,
STRUMPFHOSEN

Wäschetrockner, Bügeln & Co.

TROMMELTROCKNER?

- ☐ NATÜRLICHE TROCKNUNGSMETHODEN (LUFT UND WIND) TUN'S AUCH.
- ☐ WENN ES SCHNELL GEHEN MUSS, IST EIN TROCKNER EINE FEINE SACHE.
- ☐ EIN WÄSCHETROCKNER IST EIN ABSOLUTES MUSS.
- ☐ DIE TROCKNUNGSTAUGLICHKEIT AUF DEM ETIKETT BEACHTEN.
- ☐ DAS FLUSENSIEB REGELMÄSSIG REINIGEN.

BÜGELN?

- ☐ DEN TEMPERATURANGABEN AUF DEM ETIKETT GEMÄSS BÜGELN.
- ☐ BÜGELN BRINGT NICHTS. SOBALD MAN ES ANZIEHT, KNITTERT ES EH WIEDER.
- ☐ KNITTERFREIE KLEIDUNGSSTÜCKE KAUFEN, DIE MAN NICHT BÜGELN MUSS.
- ☐ NUR DIE STELLEN BÜGELN, DIE SICHTBAR SIND UND DEN REST MIT EINEM PULLI VERDECKEN.
- ☐ BÜGELN MUSS SEIN. ES ÜBER NACHT UNTER DIE MATRATZE ZU LEGEN UND DAS BESTE ZU HOFFEN, REICHT NICHT.

FALT-TECHNIKEN?

- ☐ BOUTIQUEN-STANDARD
- ☐ MILITÄR-STANDARD
- ☐ SICH ZUMINDEST MÜHE GEBEN
- ☐ WIRD ES BEI MIR NIE GEBEN

ANDERE KOMMENTARE:

____

____

____

Kleiderschrank-Ordnung

WIE WIRD KLEIDUNG EINSORTIERT?

- ☐ NACH FARBE
- ☐ NACH ART (HOSEN, T-SHIRTS, SOCKEN USW.)
- ☐ NACH JAHRESZEIT UND TREND
- ☐ WIRD SIE NICHT. ICH UNTERSCHEIDE LEDIGLICH ZWISCHEN SAUBER UND SCHMUTZIG (UNTER BERÜCKSICHTIGUNG VON KRITERIEN WIE NICHT-MÜFFELND UND NICHT-SICHTBAR-DRECKIG)

WANN MUSS EIN KLEIDUNGSSTÜCK IN DIE WÄSCHE?

- ☐ NACH 1 TAG BENUTZUNG
- ☐ NACH 2 TAGEN BENUTZUNG
- ☐ NACH 3 TAGEN BENUTZUNG
- ☐ NACH ______ TAGEN BENUTZUNG
- ☐ WENN ES MÜFFELT
- ☐ WENN ES DEUTLICH SCHMUTZIG IST

ANDERE NOTIZEN:

____

____

____

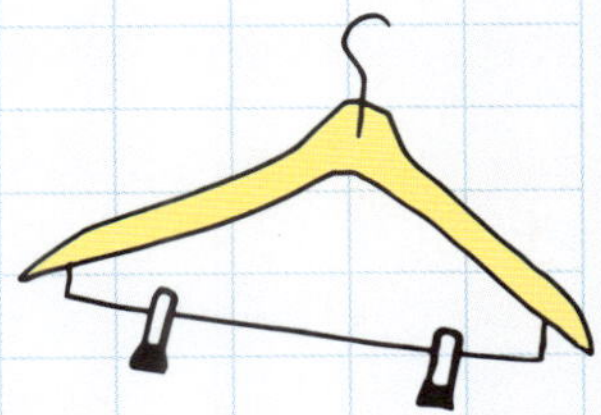

Haustür-Regeln

WENN JEMAND DEN SCHLÜSSEL VERGISST ...

- ☐ BEGRÜSSE ICH IHN MIT EINEM LÄCHELN UND EINEM BLECH VOLL FRISCH GEBACKENER KEKSE.
- ☐ LASSE ICH IHN REIN, WERDE ABER BETONEN, DASS MICH DIE STÖRUNG AM GEWINNEN EINES POKERSPIELS GEHINDERT HAT.
- ☐ ZEIGE ICH DURCH'S KÜCHENFENSTER HÄMISCH LACHEND MIT DEM FINGER AUF IHN UND ZWINGE IHN DAZU, SEINE EIGENE UNFÄHIGKEIT AUF DER TÜRSCHWELLE ZU GESTEHEN.
- ☐ IGNORIERE ICH IHN UND LASSE IHN VOR VERSCHLOSSENER TÜRE STEHEN.
- ☐ LASSE ICH IHN GANZ EINFACH REIN, DAMIT ER MICH AUCH REINLÄSST, WENN ICH MAL DEN SCHLÜSSEL VERGESSE. WAS HÄUFIGER VORKOMMT, ALS MIR LIEB IST.

... SOLLTE ER ...

- ☐ NICHT ÖFTER ALS EINMAL KLINGELN.
- ☐ ÖFTER ALS ZWEIMAL KLINGELN.
- ☐ GAR NICHT KLINGELN – ER IST SELBST SCHULD DARAN, DASS ER SICH AUSGESPERRT HAT.
- ☐ NICHT STURMLÄUTEN. ICH HABE ES GEHÖRT, ABER ICH REAGIERE ABSICHTLICH NICHT DARAUF.
- ☐ NICHT VERSUCHEN, DURCH'S FENSTER EINZUSTEIGEN. ICH WÜRDE MICH ZU TODE ERSCHRECKEN UND KÖNNTE IM AFFEKT UNÜBERLEGTES TUN.

BESUCH:

- ☐ MUSS EINEN MONAT IM VORAUS ANGEKÜNDIGT UND BEWILLIGT WERDEN.
- ☐ MUSS EINE WOCHE VORHER ANGEKÜNDIGT WERDEN.
- ☐ MUSS MEHRERE TAGE VORAB ANGEKÜNDIGT WERDEN.
- ☐ MUSS EIN PAAR STUNDEN VORHER ANGEKÜNDIGT WERDEN.
- ☐ IST JEDERZEIT WILLKOMMEN.
- ☐ SOLL EINFACH KURZ HALLO SAGEN, WENN ER DAS HAUS BETRITT.

ANDERE ANMERKUNGEN:

Störenfriede

SO VERFÄHRT MAN MIT NACHBARN, EINBRECHERN UND UNRUHESTIFTERN:

ART DES FEINDES	BEFEHDUNGSMETHODE	WER SCHWINGT DAS KRIEGSBEIL?
STÖRENDE NACHBARN	☐ IHRE POST KLAUEN. ☐ IHNEN EINEN PFERDEKOPF VOR DIE HAUSTÜRE LEGEN (DAS PFERD MUSS IHNEN NICHT GEHÖREN). ☐ EINEN LANGEN BESCHWERDEBRIEF SCHREIBEN. ☐ ANDERES: ______	
EINBRECHER	☐ KAMPFKUNSTTRICKS ANWENDEN. ☐ EINEN STUMPFEN GEGENSTAND BENUTZEN, ABER NICHT SO FEST ZUSCHLAGEN, DASS MAN DAFÜR INS GEFÄNGNIS MUSS (DA ES SICH DORT SICHER NICHT BESONDERS ANGENEHM LEBEN LÄSST). ☐ DIE POLIZEI RUFEN. ☐ ANDERES: ______	
MÖRDER/ATTENTÄTER	☐ SELBSTVERTEIDIGUNGS- UND KAMPFKUNSTTRICKS ANWENDEN. ☐ EINEN STUMPFEN ODER SPITZEN GEGENSTAND BENUTZEN, DER ALS WAFFE DIENEN KANN. ☐ UM HILFE RUFEN. ☐ ANDERES: ______	
GEISTER/ ÜBERNATÜRLICHES	☐ GEISTER UND ÜBERNATÜRLICHE PHÄNOMENE GIBT ES NICHT. UND BASTA. ☐ EXORZISTISCHE TECHNIKEN ANWENDEN. ☐ EINEN PROFESSIONELLEN SCHAMANEN RUFEN (NAME: ______). ☐ ANDERES: ______	
WEITERE		

Haustiere

BITTE DIEJENIGEN TIERE ANKREUZEN, DIE MAN ALS HAUSTIER AKZEPTIEREN KÖNNTE. TIERE, DIE MAN WIRKLICH GERNE ALS HAUSTIER HÄTTE, BITTE EINKRINGELN.

HERKÖMMLICH:

- ☐ KATZE
- ☐ HUND
- ☐ HAMSTER
- ☐ MAUS
- ☐ RATTE
- ☐ KANINCHEN
- ☐ HAUSSCHWEIN
- ☐ FRETTCHEN
- ☐ GOLDFISCH
- ☐ ZWERGPONY
- ☐ HUHN
- ☐ PFERD
- ☐ ESEL
- ☐ SCHILDKRÖTE
- ☐ ZIEGE
- ☐ AFFE
- ☐ PAPAGEI
- ☐ WELLENSITTICH
- ☐ EULE
- ☐ AMEISENFARM
- ☐ ANDERE: ____________

EXZENTRISCH:

- ☐ GIFTSCHLANGE
- ☐ KROKODIL
- ☐ GECKO
- ☐ KOMODOWARAN
- ☐ TARANTEL
- ☐ SONNENANBETERIN
- ☐ TIGER
- ☐ QUALLE
- ☐ PIRANHA
- ☐ ANDERE: ____________

MAGISCH:

- ☐ EINHORN
- ☐ WERWOLF
- ☐ SPHINX
- ☐ PHÖNIX
- ☐ DRACHE
- ☐ WASSERNIXE
- ☐ ANDERE: ____________

WEITERE ANMERKUNGEN: ____________

____

____

FÜTTERN & PFLEGEN:

WENN SIE BEREITS EIN HAUSTIER HABEN, BITTE HIER EINTRAGEN, WER MIT DER PFLEGE DES TIERES BEAUFTRAGT IST.

- ☐ ES IST DEIN HAUSTIER, ALSO KÜMMERE DICH DARUM.
- ☐ ES IST UNSER HAUSTIER, WIR KÜMMERN UNS ALLE DARUM.
- ☐ DEINER WILLKÜR KANN MAN KEIN LEBENDIGES WESEN ÜBERLASSEN. ICH NEHME ES IN MEINE OBHUT.

WER SOLL SICH IN ABWESENHEIT DES BESITZERS UM DAS HAUSTIER KÜMMERN?

- ☐ ALS TIERPFLEGER/IN BEAUFTRAGTE PERSON: ____________
- ☐ DAS TIER KOMMT EINFACH MIT AUF DIE REISE.

ANDERE VEREINBARUNGEN: ____________________

____

____

Spinnen & Co.

FOLGENDES GETIER HAT IM HAUS NICHTS ZU SUCHEN

☐ SPINNEN (KLEIN)

☐ SPINNEN (GROSS)

☐ FLIEGEN, MÜCKEN & WESPEN

☐ MÄUSE & RATTEN

☐ TAUBEN & MÖWEN

☐ SCHLANGEN, FLEDERMÄUSE, RAUPEN, KÄFER, SKORPIONE, KAKERLAKEN, ALLIGATOREN, POLTERGEISTER, ANDERE (FALLS NÖTIG): ____________

ANDERE VORSTELLUNGEN:

____

____

____

Wer hat Angst vorm bösen Wolf?

ÄNGSTE & PHOBIEN:

- ☐ GESPENSTER
- ☐ DUNKELHEIT
- ☐ HÖHENANGST
- ☐ CLOWNS
- ☐ MONSTER & ZOMBIES
- ☐ GEWITTER
- ☐ KLAUSTROPHOBIE
- ☐ PLATZANGST
- ☐ ARZTBESUCHE
- ☐ BAKTERIEN
- ☐ ANDERES:______________

ANDERE ANMERKUNGEN:

____

____

____

Allergien & Aversionen

- ☐ BLÜTENPOLLEN
- ☐ HAUSSTAUBMILBEN
- ☐ PARFUM
- ☐ BIENENSTICHE
- ☐ LATEX
- ☐ ANTIBIOTIKA
- ☐ KATZEN
- ☐ HUNDE
- ☐ ZIGARETTENRAUCH
- ☐ ANDERE:______________

DARF DRINNEN GERAUCHT WERDEN?

- ☐ JA, GERAUCHT WERDEN DARF IMMER UND ÜBERALL.
- ☐ WENN ES SEIN MUSS, VON MIR AUS.
- ☐ NEIN, DEN GESTANK KRIEGT MAN NIE WIEDER RAUS.

ANDERE ANMERKUNGEN:

____

____

____

Bevorzugte Behandlung bei Erkältung

- ☐ HÜHNERBRÜHE
- ☐ INGWER-ZITRONEN-WASSER
- ☐ ALTERNATIVE MEDIZIN
- ☐ CHEMISCHE KEULEN
- ☐ EISCREME
- ☐ NICHTS. EINFACH NUR RUHE.
- ☐ ANDERES: ____________

ANDERE BEDÜRFNISSE: ____________________

____

____

____

Therapie bei mieser Laune

- ☐ LASS MICH ALLEIN.
- ☐ KOCH MIR EINE KANNE TEE.
- ☐ KNUDDELE MICH.
- ☐ LAD MICH AUF EINEN DRINK EIN.
- ☐ UNTERNIMM WAS MIT MIR.
- ☐ FRAG, WIE ES MIR GEHT.
- ☐ ANDERES: ____________

PERSÖNLICHER FREIRAUM:

- ☐ ICH BRAUCHE LUFT ZUM ATMEN. ENG MICH NICHT EIN.
- ☐ ICH BENÖTIGE VIEL NÄHE UND ZUWENDUNG.
- ☐ EIN MODERATES ZUSAMMENGEHÖRIGKEITS-GEFÜHL IST OPTIMAL.

ANDERE INSTRUKTIONEN: ____________________

Legitime Schwächen, die man mir nicht vorhalten darf:

- ☐ ESSEN
- ☐ KLEIDUNG
- ☐ TV-SERIEN
- ☐ SPORT
- ☐ SPIELE
- ☐ SAMMLERSTÜCKE
- ☐ ANDERES: ______________

MEIN HERZ SCHLÄGT FÜR:

1) ______________________________

2) ______________________________

3) ______________________________

4) ______________________________

5) ______________________________

ANDERE NOTIZEN:

☐ WER MEINE LEIDENSCHAFTEN NICHT TEILT/SIE ALBERN FINDET, KANN NICHT MEIN FREUND SEIN.

Gesprächsstoff & Tabuthemen

DARÜBER BREITET MAN ZU HAUSE BESSER DEN MANTEL DES SCHWEIGENS:

- ☐ RELIGION
- ☐ POLITIK
- ☐ FAMILIE
- ☐ ____________________ (NAME DER MANNSCHAFT)
- ☐ ANDERES: ____________

MEINE PERSÖNLICHE WELTSICHT (WERTE, FÜR DIE ICH EINSTEHE):

1) ____

____

2) ____

____

3) ____

____

4) ____

____

5) ____

____

ZUSÄTZLICHE PUNKTE:

____

____

____

Dinge, die mich rasend machen

FOLGENDE EIGENSCHAFTEN/ANGEWOHNHEITEN SIND ABSOLUT INDISKUTABEL (EGAL, OB ES DARUM GEHT, NACH DEM TOILETTENGANG NICHT ZU SPÜLEN, MIT DEM BUTTERMESSER IM HONIGGLAS ZU RÜHREN, BENUTZTE SOCKEN HERUMLIEGEN ZU LASSEN ODER NÄGEL ZU KAUEN):

1) ____________________

2) ____________________

3) ____________________

4) ____________________

5) ____________________

6) ____________________

7) ____________________

8) ____________________

9) ____________________

10) ____________________

ANDERE KOMMENTARE/MEINUNGEN:

____

SO SIEHT EIN PERFEKTER TAG AUS

VORMITTAGS

7 UHR

8 UHR

9 UHR

10 UHR

11 UHR

NACHMITTAGS

12 UHR

13 UHR

14 UHR

15 UHR

16 UHR

17 UHR

ABENDS

18 UHR

19 UHR

20 UHR

21 UHR

22 UHR

23 UHR

24 UHR

NACH MITTERNACHT

ANDERE NOTIZEN:

Freizeitgestaltung

SO WIRD ENTSCHIEDEN, WAS UNTERNOMMEN WIRD UND WO MAN HINGEHT

* Schnick-Schnack-Schnuck, Kissenschlacht, Münzen werfen oder ein Duell sind weitere gute Möglichkeiten, um endlose Debatten über das Freizeitprogramm zu vermeiden – vorausgesetzt, es handelt sich um Vorschläge für Unternehmungen, gegen die keiner spezielle Abneigungen hegt.

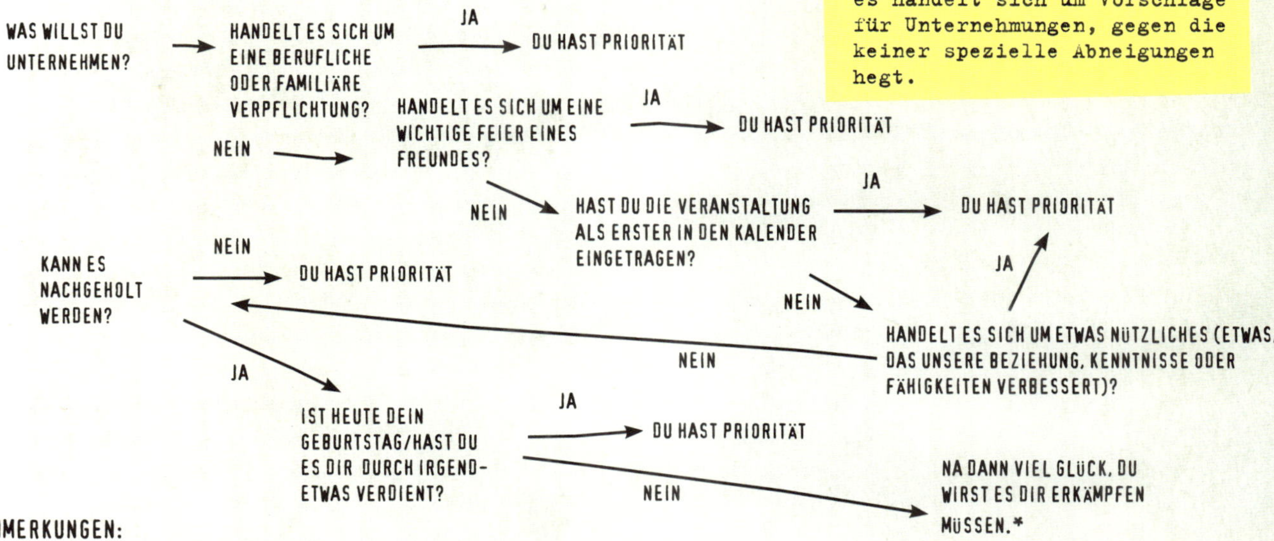

ANMERKUNGEN:

Im Krieg und in der Liebe

SPIELREGELN FÜR BRETTSPIELE, WETTKÄMPFE UND ZWISCHENMENSCHLICHES

FOLGENDE SPIELREGELN (OB BEI BRETTSPIELEN, VIDEOGAMES, SPORTLICHEN WETTKÄMPFEN ODER IN ZWISCHENMENSCHLICHEN BEREICHEN) MÜSSEN STETS BEACHTET WERDEN:

- ☐ SCHUMMELN IST ERLAUBT.
- ☐ SCHUMMELN GEHT ÜBERHAUPT GAR NICHT.
- ☐ SCHUMMELN IST O.K., WENN ES ALLE MACHEN, SODASS ES INSGESAMT »FAIR GENUG« BLEIBT.
- ☐ GEWINNER MÜSSEN BESCHEIDEN BLEIBEN.
- ☐ GEWINNER KÖNNEN SO HERABLASSEND SEIN WIE SIE WOLLEN, DA SIE SICH UND ALLEN ANDEREN GERADE BEWIESEN HABEN, DASS SIE ETWAS BESSERES SIND.
- ☐ VERLIERER MÜSSEN IHRE SCHMACH MIT WÜRDE TRAGEN.
- ☐ VERLIERER DÜRFEN SO MISSGÜNSTIG SEIN WIE SIE WOLLEN, DAS IST IHR GUTES RECHT.
- ☐ KÄMPFE MÜSSEN MIT HÄNDEN UND FÜSSEN AUSGEFOCHTEN WERDEN. ICH BIN ICH UND MUSS RECHT BEHALTEN, DENN ICH BIN DER BESTE!
- ☐ KÄMPFE MÜSSEN MIT HÄNDEN UND FÜSSEN AUSGEFOCHTEN WERDEN. ICH HABE ZWAR UNRECHT UND WERDE NICHT GEWINNEN, ABER ICH VERSUCHE ES!
- ☐ GEWINNEN WIRD ÜBERBEWERTET, ICH MUSS NICHT UNBEDINGT GEWINNEN.
- ☐ GEWINNEN MEINT GEWONNEN, MEIN FREUND, UND ES IST MIR EGAL, WELCHEN PREIS ICH DAFÜR ZAHLE.
- ☐ ES GEHT UM DEN SPASS AM SPIEL, NICHT DARUM, ZU GEWINNEN.
- ☐ (GLAUBT LETZTERES WIRKLICH IRGENDWER?)

ANDERE VEREINBARUNGEN: ______________________

____

Nach einem Streit ...

#%*!

- ☐ VERLASSE ICH DEN RAUM. VERMUTLICH UNTER TRÄNEN.
- ☐ WERFE ICH WUTSCHNAUBEND MIT GEGENSTÄNDEN UM MICH.
- ☐ STRAFE ICH MEIN GEGENÜBER MIT SCHWEIGEN.
- ☐ ZIEHE ICH MICH GRÄMEND ZURÜCK.
- ☐ GEHE ICH EINE RUNDE UM DEN BLOCK.
- ☐ LAUFE ICH WEG UND TRETE EINEM ZIRKUS BEI.
- ☐ GEHE ICH IM ZIMMER AUF UND AB.
- ☐ NEHME ICH'S MIT HUMOR UND SCHMUNZLE DRÜBER.

NEBENNOTIZ: KRAFTWÖRTER

- ☐ ICH BENUTZE SIE BEI BEDARF AUSGIEBIG, WEGEN DER THERAPEUTISCHEN WIRKUNG.
- ☐ KRAFTWÖRTER SIND BESTANDTEIL DES NORMALEN VOKABULARS UND BEREICHERN JEDES GESPRÄCH.
- ☐ KRAFTWÖRTER SOLLTEN SPARSAM BENUTZT WERDEN, DAMIT SIE NICHT IHRE WIRKUNG VERLIEREN.
- ☐ KRAFTWÖRTER SIND TABU, DAS GEHÖRT SICH EINFACH NICHT.

KOMMENTARE:

Lebensrhythmus

PÜNKTLICHKEIT (EIGENE):

- ☐ LIEBER EIN BISSCHEN ZU FRÜH.
- ☐ ABSOLUT PÜNKTLICH.
- ☐ AKADEMISCHE VIERTELSTUNDE.
- ☐ GEWALTIG ZU SPÄT.
- ☐ WER ETWAS AUF SICH HÄLT, ERSCHEINT, WANN IMMER ER ES FÜR RICHTIG HÄLT.

GEMÜTLICH ODER SCHNELL WIE DER BLITZ?

- ☐ GEPARD
- ☐ ROADRUNNER
- ☐ RENNMAUS
- ☐ HASE
- ☐ IGEL
- ☐ SCHILDKRÖTE
- ☐ SCHNECKE
- ☐ TOTE SCHNECKE

PÜNKTLICHKEIT (ANDERER):

- ☐ EIN PAAR MINUTEN ZU SPÄT ZU KOMMEN IST NORMAL.
- ☐ ZUSPÄTKOMMEN IST EINE ABSOLUTE FRECHHEIT.
- ☐ JEDER KOMMT MAL ZU SPÄT, KANN PASSIEREN.
- ☐ LEUTE, DIE ZU FRÜH ODER ABSOLUT PÜNKTLICH KOMMEN, SIND ÜBEREIFRIG.

ANDERE ANSICHTEN:

____

____

____

Gründe zum Feiern

- ☐ GEBURTSTAGE
- ☐ JAHRESTAGE
- ☐ WEIHNACHTEN
- ☐ VALENTINSTAG
- ☐ HALLOWEEN
- ☐ GUY FAWKES NIGHT
- ☐ STAR WARS DAY
- ☐ CHRISTOPHER STREET DAY
- ☐ JEDER TAG IST EIN FEST, UND GRÜNDE ZUM FEIERN GIBT ES REICHLICH (WASCHTAG, FREITAG, DIENSTAG ...)

ANDERE FEIERTAGE: ____________________

____

____

____

Geschenke

☐ JA ☐ NEIN

WENN JA, WIE TEUER DARF ES MAXIMAL SEIN:

- ☐ GRATIS/MINIMALKOSTEN
- ☐ < 5 EURO
- ☐ 5–10 EURO
- ☐ 10–20 EURO
- ☐ 20–50 EURO
- ☐ 50–100 EURO
- ☐ 100+ (GENAU: ________ EURO)
- ☐ KEIN LIMIT

DIE TOLLSTEN GESCHENKE SIND:

TEUER: ____________________

MITTEL: ____________________

BILLIG: ____________________

Ich stehe Dir zur Seite, falls Du jemals ...

- ☐ EINEN SEKUNDANTEN FÜR EIN DUELL BENÖTIGST.
- ☐ EINE MUND-ZU-MUND-BEATMUNG BRAUCHST.
- ☐ EIN ALIBI VORWEISEN MUSST.
- ☐ ANDERES: ______________________

____

Und für den Fall, dass die Welt untergeht, sollst Du wissen dass ...

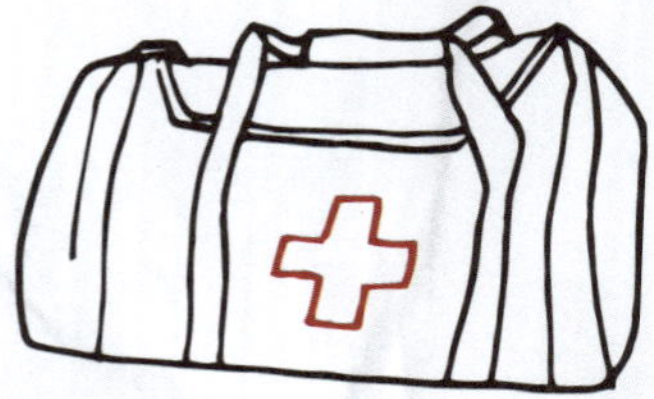

- ☐ ICH EINEN NOTFALLKOFFER GEPACKT HABE. DU FINDEST IHN IM/AUF/UNTER ________________.
- ☐ DIE WAFFE MEINER WAHL IST: ______________________
- ☐ FALLS WIR UNS VERLIEREN, TREFFEN WIR UNS AM/IM ______________________.
- ☐ ICH DICH RETTEN WERDE, UND JEDEN ANDEREN, DER HILFE BENÖTIGT.
- ☐ ICH JAMMERN, IN OHNMACHT FALLEN UND ZU NICHTS ZU GEBRAUCHEN SEIN WERDE.
- ☐ DU MICH ESSEN DARFST, WENN ES SEIN MUSS.
- ☐ DASS DU MICH UNTER KEINEN UMSTÄNDEN ESSEN DARFST. DENK NICHT MAL DRAN!
- ☐ ICH VOLLKOMMEN UNVORBEREITET BIN.

ANDERE ANMERKUNGEN:

____

____

____

10 GOLDENE HAUSREGELN

DIESE ZEHN SCHRIFTLICH FESTGEHALTENEN REGELN SIND VON ALLERGRÖSSTER WICHTIGKEIT UND MÜSSEN STETS EINGEHALTEN WERDEN:

1) ______________________________

2) ______________________________

3) ______________________________

4) ______________________________

5) ______________________________

6) ______________________________

7) ______________________________

8) ______________________________

9) ______________________________

10) ______________________________

UNTERSCHRIFT: ______________________________

DATUM: ______________________________

DANK

HERAUSGEBERIN: SARAH FORD
ART DIRECTOR: JONATHAN CHRISTIE
DESIGN: EOGHAN O'BRIEN
SENIOR EDITOR: ALEX STETTER
PRODUKTION: SARAH-JAYNE JOHNSON

ÜBER DIE AUTORIN UND ILLUSTRATORIN:

FRANCESCA LEUNG HAT EIN FAIBLE FÜR PIRATEN UND BATMAN®-TORTEN. SIE VERBRINGT IHRE WENIGE FREIZEIT MIT DEM SPIELEN VON *ASSASSIN'S CREED®* ODER MIT DEM VERLIEREN BEI *MA-JONGG*. SIE KOCHT DEN BESTEN TEE DER WELT, IHRER AUSSAGE NACH.

DU WÜRDEST NICHT MIT IHR ZUSAMMENLEBEN WOLLEN!